丛书编委会

傅山

谢建华 著

大家精要

Fu Shan

陕西师范大学出版总社

图书代号 SK16N1026

图书在版编目（CIP）数据

傅山 / 谢建华著. —西安：陕西师范大学出版总社有限公司，2017.1（2024.1重印）
（大家精要）
ISBN 978-7-5613-8732-0

Ⅰ. ①傅…　Ⅱ. ①谢…　Ⅲ. ①傅山（1607—1684）—传记　Ⅳ. ①K825.72

中国版本图书馆CIP数据核字（2016）第272585号

傅　山　FU SHAN

谢建华　著

责任编辑　郑若萍
责任校对　陈柳冬雪
特约编辑　杨　琳
封面设计　张潇伊
出版发行　陕西师范大学出版总社
（西安市长安南路199号　邮编 710062）
网　　址　http://www.snupg.com
印　　制　永清县晔盛亚胶印有限公司
开　　本　650 mm × 930 mm　1/16
印　　张　10
字　　数　100千
版　　次　2017年1月第1版
印　　次　2024年1月第2次印刷
书　　号　ISBN 978-7-5613-8732-0
定　　价　45.00元

目　录

第 1 章

官宦之家　书香门第

傅山出生于明万历三十五年闰六月十九日，即 1607 年 7 月 23 日。据其好友戴廷栻所作的《石道人别传》中记载，傅山母亲怀胎十二个月才生下他，临产时突然有龙在天空翻腾，所居住的房屋上空顿时雷雨交加，一直到傅山降生，雨才停息。清代著名学者汪士禛也有“母梦老比丘而生”之说。傅山出生之时是否确有此情况已无从考证，但他出生的那一年山西的确是多雨并发大水。这些具有神秘色彩的传奇故事，就是为了高扬主人公的品格，表达崇敬之情。

傅山童年的早慧，似乎也证明了他出生的不平凡。三岁时其父偶然诵读《心经》中的句子，当父亲读出上句，傅山就能应声诵出下句。十五岁时，在私塾除了按照严格规定的进程读书之外，还熟读《汉书》《礼记》和《孟子》。傅山所读的《汉书》是其祖父傅霖亲自批点过的，《礼记》和《孟子》则是其父亲傅之谟亲自批注和亲自教诲的。傅山的性格形成和学术研究的路数与其家世、家学有着非常密切的关系。

家世的影响

傅山出生在山西太原阳曲县西村（今太原市尖草坪区）。但他家并不是土生土长的太原人，而是由山西大同南下，先迁到山西忻州顿村，再往南迁到阳曲县西村。傅家世代官宦，傅府在当时的西村是首屈一指的大户人家。傅府为一坐北向南的三进院落。大门前有石狮子，一进大门的头进院内有东房五间，内院有正房五间，东西耳房各一间，东西厢房各五间。庭院西墙有一圆形小门，上面写着“从好园”。园内亭、台、楼、阁错落别致，水池、花木宁静淡雅，是一座集园林、书斋、休闲、居住为一体的明代北方砖瓦木结构建筑。但“甲申明没，清朝廷肃然，青主弃数千金腴产，令族分取，独挈其子眉隐于城东松庄”。傅山从五十四岁到六十八岁以松庄为侨舍，生活了十四年。

据傅山所留下来的文字查寻，记述最早的是六世祖傅天锡。正是这位六世祖要到太原临泉王府任讲授经术行义，并任掌管课试之事的教授之职，才从离太原较远的大同，搬到靠太原较近些的忻州城东北二十五公里的顿村。临泉王府是明初开府太原的朱元璋第三个儿子晋恭王朱棡之孙，第二代晋王——晋定王朱济熺的六儿子朱美埢的府邸。据《明史》载，朱棣登基迁都北京后，深恐诸王后代以他为楷模，举“清君侧”之旗，颠覆政权，遂严定所封诸王凡有子嗣不准续封王爵，国家不再追加封俸，只在郡王封地之内再分。于是到永乐之后明朝各路藩王，世代封分，小王多如牛毛，临泉王就是其中之一。在明代由于科举考试仿照唐宋，设有明经科，考试内容多半取材于《春秋经传》，所以《春秋》又别称“明经”，明代开国大臣刘基就曾著有《春秋明经》。傅天锡以讲授《春秋》为主，因此得到朱美埨的重视，委以重任。

傅山的五世祖傅康为监生，二十岁早夭。去世时，儿子傅朝宣仅八个月，妻王氏虽很年轻，但十分贞烈，终生没有再婚，平淡度日，每以可口饭菜孝敬公婆，严教孤儿勤攻儒学，终于把儿子培育成人。但正当傅朝宣要一展宏图之际，却意外地被宁化王府的人看中，强抢入府，做了王府的女婿，命运发生了变化。山西著名戏曲《拉郎配》中的主人公就是以傅朝宣为原型的。宁化王是居住在阳曲的朱棡第五子朱济焕封号，宣德八年（1433）袭封。就因为傅朝宣长得俊美，外出办事经常骑马路过王府的大门，结果被看中，一打听其人出身于官宦之家，为人正派。于是，有一天趁傅朝宣经过宁化王府时，突然一帮人将其截住，推搡着强迫他入了府门。还没等他回过神来，就有人将他头戴簪花，身着红衣，对他说郡主看上他了，现在就要与他成亲，入赘为王府的仪宾。用今天的话说，就是傅朝宣做了宁化王府的女婿。“仪宾”这个称谓是明王朝对亲王、郡王之婿的专称。

傅朝宣做了宁化王府的仪宾后，官封承务郎，从六品。由于郡主不能生育，被允许纳殷氏为妾，生了傅霖、傅震、傅霈三子。大儿子傅霖出生之后，就由祖母王氏从忻州顿村赶来抱回去抚养。王氏除了给孙子雇一个奶娘之外，其他粗杂的活都自己做。有一天，王氏在井边打水，将傅霖用裙子裹在胸前，说：“如果我掉到井里，最好这个孩子也随我掉下去，不要落到其他人之手，否则要被人欺负的。”傅朝宣的三个儿子后来全都考取了进士、举人，人称“三凤凰”。但即使傅霖中了进士，做了官，到他父亲傅朝宣家，王府的那帮舅舅还常摆架子欺负他，不让他坐，只能站着说话。

这突然的“抢新郎”，改变了傅朝宣的一生。他原本是读书之人，饱学之士，自立自主，以天下为己任。但入了王府在行动上受到诸多限制，不得自由出入，在精神上因迫于强权草率成婚，饱受封建专制之压、屈辱之苦，连儿子都受到歧视，内心十分痛苦。因此，临终之前留下遗言：“子孙再敢与王府结亲者，以不孝论，族人鸣鼓攻之。”这句话后来成为傅家的家训。傅山说这遗嘱“凛凛在子孙耳目间”，受教唯谨，不敢或忘。这也激发了他终生鄙视权贵、反暴政、反专制思想的傲岸志节，甚至对他青年时代对不公之事敢于挺身而出，赴京请命，中年以后反清都有相当的影响。

家学的渊源

傅朝宣入赘宁化王府做了仪宾之后，傅家就由忻州顿村迁居到太原阳曲县西村。傅朝宣又在城里大关帝庙西南建宅立院，此街即以住有傅家得名“傅家巷”。

巷东口的“版筑旧裔”坊，是傅朝宣以商初武丁时代的宰相傅说为先祖之故。傅说不负武丁之望，为相后辅佐武丁，大力改革政治，“嘉靖殷邦”，商王朝出现了政局稳定、经济发展、天下太平的兴盛局面，史称“殷国大治”“殷道复兴”。考古资料也说明武丁在位的五十九年间，是商朝最繁盛的时期。傅朝宣所以立坊“版筑旧裔”实是自标族氏，昭示他人。

巷西口有“三凤坊”牌楼，乃是傅朝宣的三个儿子都在科考中高中举人、进士之故。明万历《太原府志》人物卷、康熙二十一年（1682）的《阳曲县志》载：明朝太原府“为傅霖、傅震、傅霈筑‘三凤坊’”。傅朝宣的长子傅霖高中嘉靖壬戌科进士，名在二甲十一名，官累至山东布政参议、兵备辽海、朝议大夫；次子傅震中嘉靖辛酉科举人，官至耀州知州；三子傅霈高中万历丁丑科进士，官至御史。所以在其宅巷立“三凤坊”以表彰。傅家巷还有明朝太原府“为傅震、傅霖筑‘黄甲联芳’”“为傅霈筑‘青云接武’”二坊。一条长仅百余米的小街上竟立四道牌坊，而且均为傅家所立，可见傅山祖辈时代的辉煌。有人说傅家巷是因傅山在此居住而知名，此处宅院为清初友人赠送，乃不太知晓傅家祖辈的这段经历和傅家巷得名于明中叶之故。

傅山的祖父傅霖，字应期，十三岁为贡生，二十岁参加乡试为举人。嘉靖四十一年（1562）三十岁时登明科进士，二甲第十一名。傅霖是一位忠于职守、作风清廉的官员，为民“尚义敦仁，扶贫助弱”，《明嘉靖实录》中载有他的功绩。中进士后傅霖初授五品嘉议大夫，后升授通议大夫，后又调离京城任安徽寿州知州。他在寿州任知州时，反对当地的官吏贪污腐败，支持民众申述不平。他看到当地因濒临淮河，水灾不断，而大族豪强却隐瞒丁口，将税赋的负担强加到贫弱的农民头上，逼得农民背井离乡到处流浪，于是撤了寿春驿、正阳镇巡检等地方官员，并亲自核查了豪强大户应负担的徭赋，为广大百姓减轻了负担。他的行为触犯了地方的保守势力和利益集团，被贬谪到河南当了六品的佥事。

在河南任佥事期间，他依然一身正气、刚正不阿，因不愿阿谀奉承，为权贵所构陷，罢官归故里。后来明神宗朱翊钧隆庆六年（1572）即位后，傅霖才复官为六品的平度知州，后升五品为湖广荆西道。后在山东辽海任四品的参议时，又被同僚所忌恨，诬陷他“拥兵拒调”，再次落职归故里。当时在京城任监察御史的傅霈愤愤不平，认为其兄是被奸人所陷害，要为兄长鸣冤，于是上疏皇帝。皇帝派人下来查明真相，才又下诏将傅霖官复原职。然而傅霖早已看透官场之龌龊，这次再也不愿出仕，称病卧床不起，朝廷只好作罢，最后以退职告老还乡处之。

傅霖回乡后每日啸歌“从好园”。每逢天旱遭灾，就在门前造饭施舍。万历三十七年（1609）山西大旱，粮食颗粒无收，人们吃草根树皮，最后竟然发展到吃人肉的地步，出现了“食人炊骨”的惨剧。傅霖乐善好施，每天让家人烧几锅粥放在自家门口施舍给百姓，总共近一百天，费米四百斛，相当于当时一个县令一年的俸禄。不仅如此，他还给前后左右的贫穷邻居每家赈银二十两，接济他们的生活。此等乐善之举，深得百姓爱戴。傅霖虽是为官之人，但他好书，“渔猎六艺百家”，可谓是博览群书，并且他还爱作古文，好《汉书》，曾批点《汉书》，著有《幕随堂集》。万历八年（1580）著有《重建钟楼说》，刊刻过《淮南子》。万历三十年（1602），以傅霖为首的缙绅学士为兴文运，补地形不足，创建永祚寺和宣文塔。到万历四十年塔竣工落成时，傅霖已不在人世。

傅霖有三子，次子傅之谟就是傅山的父亲。傅之谟，字檀孟，万历年间贡生，一生以教书为职。虽然没有中举人，但也并非坏事，因为其父一生沉浮的经历，使他比较厌恶官场的污浊。傅之谟博学多才，好善乐施，自号离垢居士，大概是有远离官场的污垢、独善其身之意。傅之谟从小受到严格的家庭教育，据傅山回忆：父亲身上有几处伤疤，每每在洗脸时用手抚摸着便泪如雨下，年幼的傅山问起，父亲说这是你爷爷教我读书时的鞭策之恩啊，现在再想让你爷爷打我都打不着了，伤心啊！可见傅之谟是一位极重感情之人。傅之谟性格静穆，文如其人。傅山曾这样描写其父道："穆穆离垢翁，淡静晴天鹤。松雪发警句，道要在幽壑。"从傅之谟开始傅家子弟不再出去做官，而是以教课授徒为生。因此，傅家也就从仕宦之家变为以读书作文为传家之本。正如傅山在《家训》中教育子孙时所说的："吾家自教授翁（六世祖傅天锡）以来，七八代皆读书解为文，至参议翁（傅霖）著；下至吾，奉离垢君教，不废此业。"晚年，一次在读了儿子傅眉的诗作之后感慨写道："念我四代来，文学代有作。"

傅山的母亲是忻州诸生陈勔之女，尊称为贞髦君，生三子。傅山为次子。其长兄为傅庚，弟为傅止。傅山初名为鼎臣，寄寓着父母的理想和抱负。后改名山，代表着傅山本人的情操和本性。原字青竹，后改青主。傅山有两句诗就是"青主"的注解："既是为山平不得，我来添尔一峰青！"体现了傅山自强不息、超凡脱俗的精神。

第2章

聪慧、博闻的力学时期

傅山是一个天资聪颖的早慧儿童，书读几遍就能成诵，并且善于从课外汲取养分。傅山七岁开始在家读私塾，受到严格的教育。傅山家的私塾学童主要是傅家的子侄，先生是当地有名的私塾先生。傅山的教育与其他的学童一样，也是从最基本的蒙学识字课本"三、百、千"，即《三字经》《百家姓》《千字文》开始。他学习很努力，每天的功课都能理解背诵后方才休息，所以进步很快。但是十岁时私塾先生要求学童们学习由傅山祖父傅霖亲自批点的《汉书》时，傅山觉得很是没有兴趣。他哥哥傅庚在诵读"晁大夫言兵事书"时，傅山想通解其意，于是取出《汉书》卷四十九《爰盎晁错传》谈兵事的注疏，但不觉得有什么好的。

有一次集市演出，在看了一出叫《东方生金门记》的戏后，傅山被东方朔的博学多才，性格诙谐，滑稽多智，以及他在汉武帝专制与严酷的统治下的大胆直谏与微言婉讽所吸引，这改变了傅山对《汉书》中历史人物的看法，回家后又读了《东方朔传》，顿觉文章写得非常好，由此喜欢上了《汉书》，并成了一生的爱好。成年之后傅山将《汉书》和《后汉书》中提及的人物，按韵部罗列出来，并在每个人的名下附上一个简短的小传，编纂成了一部研究汉代历史的工具书《两汉书姓名韵》。三百多年过去了，此书至今仍是研究汉代历史的参考书。

虹巢不盈丈，卧看西山村

说到傅山童年和青少年时代不能不提他生活、读书的西村虹巢。这个地方给过他非常美好的记忆。特别是在他中年亲历“天崩地裂”的改朝换代，居无定所、东西飘忽之时，每每回忆起在西村虹巢度过的岁月都会觉得无限温暖。他曾多次写诗描绘在那里的田园生活和优美的环境。

西村带河曲，十月停秋光。柳箨轻黄雨，莲花老绛霜。村翁负朝旭，野鸭静寒塘。红饭慰调惄，劝人新豆香。

诗中将汾河的如练之美，以及像玉带一样围绕西村的旖旎风光描写得淋漓尽致：柳叶在微风中轻轻飘落，就如天空洒下金黄的雨丝；池中的莲花老而不凋，经霜之后变成大红的颜色。晋中地区农家富有地方风味的早饭小米红豆稠粥，散发出新粮诱人的香味，不禁使人想象到三三五五的农民端着饭碗在门前的老槐树下边吃边聊的情景。

西村位于太原西北崛仁山下，东邻并州集市贸易名镇向阳店，西连上兰村，汾河从村前流过，远眺崛围宝塔，北依天门关。这里山清水秀，土地肥沃、良田千顷，花果飘香，自古以“鱼米之乡”闻名晋阳。这里是傅山的出生地，也是他成长的地方。青年时代的傅山生活在西村，从他的诗词、绘画、书法作品中可以看出他对西村故里的感情。傅山是这样描写少年读书之地虹巢的：

> 虹巢不盈丈，卧看西山村。云起雨随响，松停涛细闻。书尘一再拂，情到偶成文。开士多征字，新茶能见分。

“虹巢”是傅山给自己的书斋取的名字。巢，指茅庐。戴廷栻《半可集·不旨轩记》说：“先生少年读书裂石，经始半椽。一栏如虹，谓之虹巢。”傅山在《虹巢二首》注曰：“老杏一株如虹，作书斋，在省西北四十里兰村裂石庙前右侧，汾河出峡口。”按傅山自己的解释是在兰村裂石庙前右侧，裂石寒泉左旁，曾建有一小屋，因屋前有一株老杏树弯曲如虹，谓之“虹巢”。傅山在虹巢读书、作文，这里的和尚还经常来求他写字，并将他们采到的新茶分给傅山。

其实虹巢只是他在“课余”学习的场所，而他的正课却是在曾祖父傅朝宣做了太原宁化府仪宾后在太原买的寓所——傅家巷四号院。傅山晚年在与孙莲甦同登泰山时说：“我十五岁时，家塾严书程，眼界局小院，焉能出门庭。”指的就是儿时在傅家巷四号小院中读书，没机会外出，眼界受到局限。

傅山少年读书时期还居住过呼延村的崛围山上的多福寺。这里有三处旧居：一为红叶楼，即观音阁，在藏经楼的东侧，是二层的三眼砖窑；一为藏经阁后的“读书院”，即千佛殿的厢房；再一处是在藏经楼的东梢间，是用砖砌的一眼土窑，名曰“霜红龛”，壁间至今留有许多傅山的墨迹，清光绪年间还立有“傅山读书处”的石碑一通。后人将傅山的诗文集结起来，因“傅山彻夜醉霜红”诗句，故名《霜红龛集》。傅山在多福寺的居室除此三处外，崇祯十五年（1642）又在多福寺南百余米的树荫下构造了一间小屋，取名“青羊庵”，又名“七松庵”。傅山在《青羊庵三首》诗中表达了他到此寓居的目的，“芟苍凿翠一庵经，不作瞿昙作客星”。是说他到此只想做一名客人，并不想当和尚。“既是为山平不得，我来添尔一峰青”一句，更有深刻的寓意，刘稼庄先生评谓：“先生名山字青主，此则其注脚也。”傅山对崛围红叶颇有情趣，作有《崛围初秋》诗，绘有《崛围红叶画》。

在傅家巷四号小院受到严格的家塾教育，在裂石虹巢的清新、淡静、纯朴、自由中，傅山度过了童年和少年力学时代。戴廷栻云傅山：“七岁始就小学，凡所授书，倾注如宿通者。”泰昌二年（1621），十五岁的傅山参加山西提学副使文翔凤主持的童生考试，一举通过被录取为博士弟子员（俗称秀才），其文受到文翔凤的好评。天启六年（1626），二十岁的傅山“试高等食廪饩”。在明清两代，秀才在岁试中如果名列一等，即可由地方政府发给“廪膳”补贴，称为“廪膳生员”，也叫“廪生”。这样他就是由府、州、县按时发给银子和粮食补助生活的秀才，成为自食其力的读书人了。

念我弱冠年，命艺少旧袭

傅山的记忆力远非常人能比。二十岁左右读《文选·京都》诸赋，念三遍即能背诵。二十二岁时，与同学马生比记性，傅山的哥哥傅庚为他们点定了五十三篇诗文，马生自负高资，以为必胜无疑，但背了一天才背会四五篇。而傅山从起床洗漱完毕到晚饭前，“则五十三篇上口，不爽一字”。“马生惊异，叹服如神。”

其间，傅山除熟读经书外，还细读了《史记》《汉书》《战国策》《左传》《国语》《管子》，以及历史上的著名诗篇、散文，有了较高的文学修养，也为他后期著书立学打下了基础。不仅如此，他对书法、绘画也有独到的见解，晋唐楷书无所不临，并且学赵孟頫的字到了以假乱真的地步，同时他的绘画鉴赏水平也日益精进。太原有爱好收藏的名士黄双凤祖上在晋王府做官，得到过一些秘藏书画，就请傅山去府上鉴别宋元名人的绘画作品。这一方面说明他在书画上已有较高的造诣，另一方面傅山也通过这些活动看到了许多前人的真迹，眼界大开，对他的书画艺术创作和观念的形成，以及学术思想的发展有重要的影响。

崇祯六年（1633），傅山二十七岁时，妻子不幸染病身亡，儿子傅眉才刚五岁。他的妻子张静君是山西忻州人，岳父张泮为人耿介廉直，当过官，因得罪权贵而被罢免。张氏善良贤惠，识文达理，婚后两人感情一直很好。青年丧妻，这对傅山来说是一个沉重的打击，他发誓不再婚娶。在当时那个年代，续弦、纳妾都是顺理成章的事情，而傅山却很忠于爱情。在傅山心里，始终无法对妻子忘情。崇祯十七年，在妻子去世十一年后，傅山在寿阳县的五峰山出家为道，他也没有真正解脱。朋友说他“自谓闻道，而苦于情重”。清顺治四年（1647），当傅山在清理旧物偶然翻出妻子为他绣的吉祥物时，曾以为“断爱十四年，一身颇潇洒”的他明白了所谓的“断爱”不过是自欺欺人的谎言。睹物思人，傅山写道：“断爱十四年，一身颇潇洒。岂见绣陀罗，悲怀略牵惹。即使绣花鸟，木人情已寡。况为普门经，同作佛事者。佛恩亦何在？在尔早死也。留我唯一心，从母逃穷野。不然尔尚存，患难未能舍。人生爱妻真，爱亲往往假。焉知不分神，劳尔尽狗马。使我免此闲，偷生慈膝下。绀绵传清凉，菩萨德难写。”每一句都蕴含着对亡妻绵长的思念和内心的绵绵苦痛，其情深意长之处，令人动容。傅山后来精通医术，其《傅青主女科》尤为著名，悲怀其妻也是他从医的一个最初动因。

傅山博览群书，又生活在明末乱世之时，自然不可能两耳不闻窗外事一心只读圣贤书，而是“风声、雨声、读书声，声声入耳；家事，国事，天下事，事事关心”。但明末虽是风雨飘摇，统治者的用人机制却没有丝毫的改变，读书人唯一的出路还是通过科举考试。这一制度自隋唐实行以来，一代一代读书人为了追求功名，不仅是十年寒窗，多数还皓首穷经。到了明代，科举考试出题完全从四书五经中抽取，以程朱理学的注解为标准，行文上又有很严格的程式化八股文，有不少清规戒律，诸如怎样破题、承题，如何起、承、转、合，都有着严格的规定，甚至在字数上也限定为五百或七百字。烦琐的程文格式，驱使人们只能亦步亦趋，不敢逾越半步。但傅山二十岁成为廪生之后，年轻的心已经从四书五经中飞向现实社会，寻找治国平天下的良方，“遂读十三经，读诸子、诸史，至《宋史》而止，因肆力诸方外书”。他不重视追求功名，对经书、史书和百家之说，以及各时代的文人笔记都很重视，“古今典籍，诸子百家，靡不淹贯”。

虽然他与所有的世宦子弟一样，也得通过科举考试才能进入仕途，光宗耀祖。但他与其他考生一起走进考场，面对如何修身的题目时，傅山在答卷上却写满了国家面临的种种危难和如何拯救的济世良策。他在诗中写道：“念我弱冠年，命艺少旧袭。塾题试致身，满臆河山疾。”这样忧国忧民的答卷在当时怎么能被录取呢！难怪非常器重他的老师袁继咸曾十分惋惜地说："山文诚佳，恨未脱山林气耳！"其实傅山对八股文根本没有钻研的兴趣，在写作上更是"命艺少旧袭"，不盲目接受一切旧的传统思想，不被束缚在为着仕途的故纸堆中，而是进行自己的独立思考。他继承了祖辈"不属袭古格""法本法无法，吾家文所来"。这说明傅山受一向不袭古、不拘法的家学传统影响之深。后来他说："仔细想来，便此技到绝顶，要他何用？文事武备，暗暗底吃了他没影子亏。要将此事算接孔孟之脉，真恶心杀！真恶心杀！"

傅山此时创作的冰灯诗十五首最能体现他的心态。他的哥哥傅庚曾云："弟生有寒骨，于世热闹事无问。"据傅庚回忆，在一个北风呼啸的数九寒天，傅山带人到汾河上凿冰运回家中，做成了冰灯。傅山喜欢用冰块做灯是因为"冰块皆不假造作，颓兀倾欹，奇丑任性"。傅山将冰块搬回家中，凿、劈、磨、削成龙、虎、猪、羊等各式形态，再将一些树根加工后，注水置冰块上，"思得古怪树根，凿为盆盂措之"。"树根至，牙槎结倔，盖人以不材见弃者。"内置蜡烛，寒冰与怪树根巧妙地配合在一起，傅山欣喜若狂，"枯寒合德，真如方外良朋也"。于元宵节夜里举办"寒冰筵"，邀请亲朋好友聚会观赏，大家一边观赏冰灯，一边举杯吟诗。为了不使冰灯被太阳晒化，白天置冰灯于室内，宁愿不生火，晚上傅山就睡在这个冰屋中，"木榻布被，引气自温，僵卧瞠目，犹自盼春寒也"。就这样，他还在冰屋中作《冷云斋冰灯诗》十五首。诗中反映出傅山年轻时已十分喜爱被正统理学斥为异端的老庄思想，并从一个侧面表现了傅山对功名利禄的鄙视，以及他超凡脱俗的情趣、特立独行的志向。

第3章

“伏阙讼冤”，义声闻天下

崇祯九年（1636）春，三十岁的傅山以第一名的成绩考取山西省的三立书院。在学习期间他不仅在文章学识上大有长进，而且结识了晋地的有识之士和一批志同道合的有为青年。特别是傅山在青年时代曾作为山西的学生领袖，为自己爱戴的老师袁继咸冤案昭雪平反，反对腐朽的宦官和黑暗的暴政，领导全省诸生，步行进京请愿，持续半年，成为中国三百多年前学生运动的先声。

三立书院“祭酒”

书院是中国古代一种特有的教育机构和学术研究场所。自书院诞生之日起，与科举的关系就是一个敏感的话题。在很长一段历史时期里，众多书院一直游离于科举之外。明代书院发展几起几落，三立书院前身是嘉靖九年（1530）由山西按察副使陈讲倡导，并取得山西巡抚的赞同，开办的晋阳书院。未几，更书院之名为河汾书院。明代中叶，书院盛行于各府州郡。

书院中“讲学自由，议论朝政，裁量人物（评价官员好坏）”的“清议”之风风靡一时，对当时的社会风气和吏制颇有影响。朝廷权贵和地方高官对此深怀嫉恨。万历皇帝朱翊钧登基不久，便采纳了首辅张居正之奏疏，“诏毁天下书院”，太原的河汾书院亦未能幸免，于万历七年（1579）被废止停办。直至万历二十一年（1593），魏允贞担任山西巡抚时，才建立了“三立祠”，将山西历代名贤五十五位奉于祠内，并招收学生入祠学习，从事实上恢复了书院，后人称三立书院。“三立”之名取自《左传》中《襄公二十四年》“大上有立德，其次是立功，其次是立言，虽久不废”之语。崇祯九年山西提学袁继咸扩充三立书院，并得到山西巡抚的同意，选拔全省优秀生员二百余人，进入书院深造，傅山以考试第一名的成绩入书院学习。

袁继咸，字临侯，江西宜春人，天启五年（1625）进士。在他考中进士之时，太监魏忠贤正把持朝政，为扩大势力，竭力拉拢罗致新科进士。袁继咸反对宦官专权，不愿同流合污，借病南归。崇祯三年（1630），袁继咸被授监察御史，后为兵部侍郎，因为官清廉，为人耿直，敢于直言，得罪了温体仁的亲信，受到排挤，崇祯七年被贬为山西提学佥事。袁继咸到了山西主持学政之后，认为要力挽明王朝岌岌可危的时局首先要全力培养能拯救民众于水火的人才，于是在具有改革思想的东林党人山西巡抚吴甡的支持下，对学术活动很不景气的三立书院进行了厘正振兴。袁继咸改变了原书院三十多年来重理学的思路，树立“经世致用”的思想，倡导“经世济民”之学，突出实功实用的实学内容，而将经学理学的内容放在其次。这种办学宗旨正符合当时社会实际，因此受到三晋学士们的欢迎。在为人上，袁继咸言行一致，廉洁奉公，以天下为己任，一身正气。崇祯九年春，袁继咸选拔了三百余名才士到三立书院学习。在考试中，他发现了傅山、戴枫仲、白居实等一批人才，对他们“立法严而用意宽”，使山西“一时士习文气，彬彬蔚起”。袁继咸以文章气节教导学生，用自己的俸禄资助贫寒之士，深受学生爱戴。

傅山在书院中，无论是人品还是学业都受到师生们的器重，被推为同辈之长——“祭酒”，常常出任讨论会的主讲。书院每月大会三次，全体集中讲学、作文、讨论。集中讲学课目不仅有经学内容，而且非常重视明道致用，对一些应用性学科，如河防、攻守、财用等常请专家来开讲座。傅山原来就认为“举业不足习”，现在更是“读方外书如故”。此外，每月还有小会六次，分别在各自的寓中进行。生员们基本上是与各自的知交朋友三五成群，饮酒畅谈。同学中与傅山常在一起的有后来与他一起为袁继咸进京请愿，以及明亡以后参加抗清起义战死于晋祠堡的薛宗周、王如金；有在明末任兵科给事敢于仗义执言的曹良直；有明亡之后与傅山共同从事秘密抗清活动的白居实；还有才华横溢不幸早逝的诗人郭新；等等。傅山在三立书院所获得的丰硕的精神财富是他后来关于社会启蒙思想和主张的重要来源。

明亡前两年他曾编著过一部“皆反常之论”的《性史》。傅山在清初曾回忆说：“贫道昔编《性史》，深论孝友之理，于古今常变多所发明。取二十一史，应在《孝友传》而不入者，与在《孝友传》而不足为经者，兼以近代所闻者，去取轩轾之，二年而稿几完，遭乱失矣。……然皆反常之论，不存此书者，天也。”在这部书中，傅山反对那些在历史上形成的常规常法，对“常”进行了历史的分析与批判，肯定那些顺应历史发展和促进历史发展的行为，对不符合的坚决反对。只可惜，这部书在后来的动乱中遗失了。三十年后，傅山六十岁时，对在三立书院所受的教益还念念不忘："自袁师倡道太原，晋士咸勉励，文章气节，因时取济。忽忽三十年，风景不殊，师友云亡，忆昔从游之盛，邈不可得。余与枫仲穷愁著书，浮沉人间，电光泡影，后岁知几何?"

"伏阙讼冤"的政治背景

傅山的青年时代历经明熹宗和明思宗两朝。这个时期政治腐败，阶级矛盾、民族矛盾、统治集团内部矛盾日益激化，各地农民起义风起云涌，封建专制的皇权面临严重危机，明王朝处于风雨飘摇之中。谈到明朝灭亡在政治上的重要原因，人们首先想到的就是宦官专权。明末清初思想家黄宗羲曾这样评论道："阉宦之祸，历汉、唐、宋而相寻无已，然未有明之为烈也。"作为一位明朝遗民，总结亡国教训，黄宗羲道出了明代政治的事实。之所以产生宦官专权是有历史原因的。明太祖朱元璋创立了前所未有的集权专制，废除丞相职务，由所谓的内阁秉承圣意处理政务。但内阁的意见"票拟"往往是君主施政的主要依据。因此，内阁的权力完全依附于皇帝的"批红"。对于勤于政务的君主而言，内阁作为其行政秘书，不难予以驾驭。而一旦君主怠于政事，则内阁的权力便会急剧上升，为权力所诱惑的官员也会为了内阁的执掌权而明争暗斗，互相倾轧。内阁、辅臣要保证其地位，又必须获得那些代行"批红"的权阉的支持，从而形成腐败的官僚——宦官集团。

晚明宦官集团对于权力的争夺，主要表现在以魏忠贤为首的“阉党”和东林党人的斗争。由于东林党人杨涟等人在帮助熹宗继承皇位时出了很大的力气，因此熹宗即位之初，东林党势力较大。杨涟、左光斗、赵南星、高攀龙等许多正直之士在朝中担任重要职务。但之后魏忠贤攀上了大太监王安的关系，地位直线上升，又与熹宗皇帝的乳母结成了同盟，成为后宫不可一世的力量。不久他又取得了熹宗的信任，并与朝堂上的一些文臣如崔呈秀之流结成联盟，排挤东林党人，逐渐掌握了内阁、六部。在取得了相当的权力之后，魏忠贤就开始在宫内选一些会武艺的宦官组成了一支武装队伍作为羽翼，并且还在外收罗一大批无耻官吏做义子走卒，人称“阉党”。由于熹宗经常沉迷于刀锯斧凿油漆的木匠活儿之中，不问朝事，任由魏忠贤做主。因此，魏忠贤秉笔批红，掌握朝政，从首辅至百官，都由他任意升迁削夺。他握有军权，可随意任免督、抚大臣。他也握有经济大权，派亲信太监总督京师和通州仓库，提督漕运河道，派税监四处搜刮民财，“内外大权一归忠贤”。

魏忠贤专权时，厂卫特务更是空前嚣张。熹宗天启三年(1623)，他自任东厂提督，锦衣卫的都督则是他的干儿子田尔耕。厂卫勾结，大兴冤狱，残害异己官吏。魏忠贤的胡作非为，引起了正直官员的严重愤慨，东林党人为伸张正义对他们进行揭发和斗争。天启四年，副都御史杨涟上疏痛斥魏忠贤的二十四大罪，大胆地揭发魏忠贤的奸恶。但昏愚的熹宗偏听偏信，反而下旨痛责杨涟，魏忠贤竟逍遥法外。魏忠贤遭受这番弹劾后，决心赶尽杀绝。天启五年终于兴起大狱，首先逮捕东林党著名领袖杨涟、左光斗、袁化中、魏大中等六人，诬以受贿。杨涟等五人被折磨死于狱中，顾大章自杀。天启六年魏忠贤又捕杀东林党首领高攀龙、周起元、周顺昌等七人。历史上称这两次大狱受难的东林党人为“前六君子”“后七君子”。

魏忠贤肆虐专政七年，使明末社会各种矛盾更加激化，加速了明王朝的崩溃。思宗即位后，虽然逮捕了魏忠贤，罢逐了阉党，但积重难返，他仍然任宦官、倚厂卫，还振振有词地埋怨大臣：“苟群臣殚心为国，朕何事乎内臣。”崇祯元年（1628），思宗任用阉党余孽温体仁为礼部尚书，协理詹事府事。温体仁通过攻击钱谦益在主持会试中有舞弊嫌疑而得到思宗的赏识。钱谦益受到排挤打击而罢官。这种官场上常见的争权夺利的斗争，似乎司空见惯，却有着那个特定时代的政治色彩——隐隐约约带有天启年间围绕东林人士的党争阴影，人们若明若暗地感觉到，“阉党逆案”中人企图通过打击东林党人达到翻案的目的。崇祯二年“乙巳之变”发生，袁崇焕下狱。温体仁前后五次上疏皇上，力主杀袁崇焕，其实质为借机攻击已致仕的东林党人钱龙锡。崇祯三年六月，温体仁任礼部尚书兼东阁大学士，入阁辅政。东林党人周延儒早温体仁一年入阁，但是温体仁与周延儒在内阁中并不相让，相互倾轧。崇祯六年六月，周延儒被逐出京城，温体仁把持了内阁。温体仁自入内阁，把持朝政共八年。崇祯十年，温体仁与亲东林的司礼监内相曹化淳发生矛盾，被东林党人所利用。曹化淳于是向皇上指称温体仁自有党羽，皇上大怒，免温体仁阁辅之职。

宦官专权给人民带来极大的苦痛，自然会激起人民的反抗斗争。天启年间人民支持东林党人反对魏忠贤的斗争，说明人民对宦官专权的深恶痛绝。明末，李自成起义军在反明的檄文中更尖锐地指出：“宦官皆龁糠犬豚，而借其耳目”，毒害无穷。起义军攻占北京后，“各营拷职官追赃，内臣加炮烙尤惨”，并把皇宫中的太监全部赶了出去，边赶边打，以示人民对宦官的痛恨。

傅山所处的山西太原自然也受到时代政治的影响，虽然他没有做官，没有参与集团之间的斗争，但他的恩师山西提学袁继咸被阉党所诬正是明末政治斗争的一个缩影。在这突发事件面前他没有做一个碌碌无为、胆小怕事的懦弱文人，而是挺身而出抗议朝廷的莫须有罪名。他领导、组织山西学子的“伏阙讼冤”，正是一场反对宦官专制的政治斗争。

赴京请愿的壮举

崇祯九年（1636）四月，温体仁派死党张孙振以御史身份到太原对此地进行掌控。绛州有位老秀才孙有守走张孙振的后门，要求上三立书院。袁继咸回答必须经过考试。张孙振无奈只好同意，于是袁继咸对孙有守进行考试。孙有守是个不学无术、专会阿谀奉承之人，一考就露了馅。试毕，袁继咸看了他的卷子非常不满意，用大笔在卷子上批了无数个“不通”，评为没有入学的资格，并贴在墙上公示。这件事使得张孙振十分气愤并怀恨在心。崇祯九年正好是在外官员三年一次的考绩年。八月，张孙振利用监察职权，借此机会捏造了贪污罪状，诬劾袁继咸。八月上报，十月得旨，“着山西抚臣械送来京勘问”。此事轰动了太原，也激起了三立书院师生的极大愤慨。行前，袁继咸被拘于三立书院，傅山守护在他的身旁，并在灯下由袁继咸口授，傅山执笔，准备“辨牍”的材料。

十月深秋，袁继咸被锦衣卫押解京城。傅山与薛宗周等三立书院生员一百多人紧跟其后，陪袁继咸去京城请愿，并倡议“伏阙讼冤”，向太原、汾州、平定、潞安四府发出书信，请全晋诸生陆续赴京。傅山委托其兄傅庚留在太原催促后来者。山西诸生踊跃进京。其中平定白居实闻风而动，先于傅山入京，阳曲李开馨、王志曾，太原府学新甄池也相继到京。进京后，袁继咸被关在刑部狱中。傅山、薛宗周等人，以及陆续赶来的诸生和在京的拔贡会同上疏。奏疏由傅山起草，请住在京城宝子街的丁时学修饰，共有一百零三人签名，由傅山与王予蛙承担“本头”，投送到通政司。丁时学的哥哥丁干学曾任翰林院检讨，是袁继咸中举时的老师，因首先带头反对宦官魏忠贤而在天启五年十一月死于非命。傅山他们五次上疏通政司，通政司就是不予受理。原来通政司按察使袁鲸与张孙振素来交好，所以竭力包庇，并以“冒名欺君”来指斥、恫吓傅山他们，拒不接受诉状。

同时，张孙振也派人到京离间，并威胁在太原的傅山弟弟傅止。有的人害怕了，中途离开北京。还有在奏章上签过名的人，也要求傅山在上面抹掉自己的名字。面对这种困境，傅山不但没有退缩，反而与到北京参加会试的外地学子们加强联系，在京城大街小巷、酒肆茶楼散发自己起草的诉状《辨诬揭帖》，用来揭露张孙振利用职权构陷袁继咸的恶行。一时京城妇孺都晓得袁继咸一案，百姓都为他抱不平，连国子监的监生也前来为傅山助阵。为讨还袁继咸的清白，傅山白衣素裹率领三立书院百余同窗，去内阁首辅的府邸请愿。但是温体仁采取不理不睬的态度，不接见他们，认为秀才造反，三年不成！最后因为傅山起草的揭帖其中有一份被朝廷派在街头刺探民情的锦衣卫士直接送到了崇祯皇帝的手中，联名的奏本乘机也才投送出去。

崇祯皇帝知晓此事后下令调查，要将张孙振押解到北京。

但张孙振树大根深，有温体仁做靠山，此事久久没有结果。这使请愿者们更加愤怒，在傅山等人带领下，他们每天抱着揭帖等候御史宋贤，一次忽然在长安街上遇到他骑马经过，傅山等人拦住马头，宋贤吃了一惊，傅山陈述讼冤情形，宋贤才接过揭帖。用同样的办法，他们每天在通往朝房门处等候首辅温体仁，但一连几天都没有等到。一天早上，天快亮时，他们远远听到喝道声："温阁老来矣！"傅山等百余人组成了一堵人墙，拦住了温体仁上朝必经的长安门，温体仁只得下轿。傅山趋前，义正词严地为袁继咸鸣冤。陪同温体仁一同去朝房的阁老黄士俊在一旁表示同情，赶紧向温体仁说这些都是山西诸生，师生之公义也。温体仁还色厉内荏地呵斥拦路人。但傅山毫无惧色，陈述了五次去通政司、五次被驳回的情况，特别强调了此事已经牵连山西无辜之百余人，皆在刑部监中，已有死者，有的快要死了，只恳请阁老和刑部尽快过问此事，早问一日，则无辜者尚有生还之机。温体仁无言以对，只得说知道了。黄士俊当场答应回去就立即与刑部说，并让手下人接揭帖。诸生群起而投之，傅山等人才散去。

此时山西巡抚吴甡举报张孙振受贿八万两白银，人赃俱获，密报皇上。与吴甡奏疏相呼应的都察院佥都御史薛国观也上疏，参劾张孙振是非颠倒，用人不当之罪。各方相互配合，终于使这场斗争有了转机。张孙振被解进京。四月初，刑部开始审理此案，傅山出堂做证，经过两次审理，终于真相大白。半年后，经过学生们的不懈斗争和方方面面的努力，袁继咸的冤案终得大白，冤狱昭雪被无罪释放，并以原官起任湖广武昌道。张孙振犯诬告罪，后被"谪戍"流放。温体仁也在两个月后革职还乡，通政司按察使袁鲸也被罢官。

“伏阙讼冤”使刚过而立之年的傅山顿时一举成名，在京城乃至全国产生了广泛的影响。从这件事可以看出，傅山身上有一股侠气，特别让人称道。这次进京请愿的胜利震惊全国，傅山不仅从此“义声闻天下”，而且这次学生请愿运动可以说是近代中国学生运动之先声。

经过半年的艰苦斗争，“伏阙讼冤”终于取得了胜利，傅山得到了历练，并成了知名人士。袁继咸赴任武昌后，曾写信邀请他同游黄鹤之胜，傅山以离别老母日久而婉言谢绝。当年岁试结束后，山西提学桂一章选傅山为“优生”，并准备动用鼓乐为他举行插花仪式。傅山辞谢说：侍奉师长就应当如同儿子，我怎么能贪公义而树私名呢？回到山西的傅山准备“闭门十年读经世”，潜心学问，《两汉书姓名韵》正是此时的作品。他对《汉书》中那些“最有奇行高节”的人很是敬佩，于是编了一本索引式的著作，在人名下将其人事迹写出，以便参考，编成后让儿子傅眉抄清。傅山认为这是“吾家读书一法也”。傅山编这本书不仅是家学传统使然，更重要的原因正如他在叙文中所云：“范氏《东汉书》，较班固远矣。然中兴大业，不可废也。”“然哉！韵以正，尊王制也。”可见，他的思想上依然是“中兴大业”和“尊王制”。

崇祯十五年（1645），蔡懋德被任命为山西巡抚。他效法袁继咸主持三立书院，设置的课程也是以实用为主，“讲战，讲守，讲火攻，讲成名道统，讲财用，讲防河”。蔡懋德自己也在书院讲授军政军器之术，同时他还聘请了魏权中、韩霖等学有专长者进行授课，傅山也是被聘者之一。此时，虽然傅山坚持一贯的做学问讲求应用的立场，但他感到明王朝已是危在旦夕，大厦将倾，蔡懋德的所作所为已于事无补了。

第 4 章

“朱衣道人”为反清复明奔走

崇祯十七年（1644）是甲申之年，也是中国历史上非常特殊的一年。这一年也可以说是清崇德八年或者是顺治元年，甚至可以说是李自成大顺国永昌元年。总而言之，那是“天崩地裂”改朝换代的一年。三月十九日，李自成带领农民起义军攻克北京，终于实现了将昏聩的明王朝“取而代之”的抱负。明代最后一个皇帝崇祯自缢而死，明亡。三月二十二日，李自成称帝，国号大顺。但是李自成皇帝的座椅还没有焐热，四月，吴三桂降清，剃发称臣，清兵入关。五月三日，李自成退走，清兵入京，宣布“定都燕京”。九月，福临入京。十月初一（公历 10 月 30 日）即皇帝位。

避乱隐居思反清

甲申之年傅山三十八岁，在明亡前他还抱有强烈的忠君忧国之志。由于朝廷对百姓的高压盘剥，兼以天灾不断，激发明末民变蜂起，爆发了李自成、张献忠等大规模的农民军起义，且满族军队多次扰掠京城，朝廷大臣中有人建议迁都。为此，傅山曾愤然作《喻都赋》，提出反对迁都，以安定内部为要务的主张，要求朝廷“宽徭”“缓征”“撤榷采之监使”。这些政见切中时弊，能起到维护在战乱和困苦中挣扎的广大农民利益的作用。但是，傅山以一介布衣提出的救时之策，根本没有受到崇祯帝和朝廷权要的理睬。当李自成的起义军日益逼近太原的时候，傅山应山西巡抚蔡懋德之邀撰写了以山西百姓的名义指责农民军残暴的帖子广泛张贴于太原，同时还编写了“马在门内难行走，今年又是弼马温”的童谣，希望以此来安定太原民心，巩固太原城防。当奉命督师的李建泰邀请傅山和另一位山西名士韩霖前往保定军前赞画时，他匆匆往河北李建泰军中赶，可刚走到平定，李自成渡河的消息就已经传来，并以迅雷不及掩耳之势攻占了河津、绛县、曲沃等地。虽然如此，但傅山仍然认为只要太原还在，就可以逐步收复汾河以南的地方。并且，只要山西、河北还在，那北京的安全仍可保证，甚至还有收复失地的可能。但是，很快李建泰又使傅山失望了。原来李建泰本希望将自家在曲沃的百万家财变卖后用来招兵十万，阻击李自成，没想到他未出保定，曲沃已失，百万家财都落入了农民起义军之手。李建泰闻听“曲沃已破，家资尽没”后，竟然又惊又怕得了病，随行的五百人一哄而散。这时的傅山心情十分郁闷，曾经在诗中以战国时著名的义士“晋鄙”自况。被天下称为“山右义士”的傅山还未曾施展身手来挽大厦于即倒，幻想就被现实击碎了。

事态的发展比傅山想象的更为严重，腐朽的明政府在李自成农民起义军摧枯拉朽的攻势下根本毫无还手之力。二月初八，太原被攻陷，末代晋王朱求桂被俘，巡抚蔡懋德自缢身亡。很快，起义大军又经宁武、大同、宣化，一路直入北京。太原沦陷后，傅山带领母亲、儿子傅眉逃难到寿阳县石河村好友郝德新家中。而没过几个月清兵就入关南下，虽然一路受到明军残部和农民起义军的阻挡，但清军以血腥屠杀的民族高压政策开路，十月初三就攻破太原，十一月“山西悉平”。面对国破家亡，傅山内心十分痛苦，他曾作诗抒发自己未能以死报国的遗憾：“三十八岁尽可死，栖栖不死复何言？”但他决心死也要做大明的鬼，魂系明朝不偷安，誓死不为清廷效力。满族人入关不久就命天下百姓剃头留辫，效法满人的风俗。傅山认为，身体发肤受之于父母，剃头留辫，就是数典忘祖，这在傅山看来是万万不能的。经过一段时间，在归隐和抗清之间，他选择了抗清，成为反抗清廷暴政的民族志士。这年八月，傅山安顿好老母后，抱着亡国遗民的孤臣孽子之恨，到寿阳拜郭静中道长为师，当了道士，朱衣黄冠，道号“真山”，自号“朱衣道人”，别号“石道人”。弃青衫为黄冠，服之不脱为真道士，从此不食清廷的人间烟火。傅山着朱衣，朱姓之衣，暗含对亡明的怀念，“石道”二字表示如石之坚，决不向清朝低头。

清廷屡次下文招傅山为官，傅山皆不应，因避乱，来往于武乡、汾阳、平定、盂县等地。清顺治二年（1645）冬，傅山的恩师袁继咸抗清，在九江被俘，北上途中在铁城寄诗札与傅山，以志节相鼓励。作为袁继咸的得意门生，他们师生之间始终保持着密切的联系。袁继咸赴任武昌后，开始是致力于镇压当地农民起义军，清军入关后，他又为南明政权操劳奔波，协调左良玉与朝廷的关系。这一年傅山作了《李宾山松歌》《乙酉十一月次又玄韵》《乙酉岁除八绝句》《哭雪》《晌雪》等诗，不仅表现了对国破家亡之恨，而且也反映了傅山从关注到直接从事反清复明的秘密活动，并且曾经筹措资金准备去南方从事抗清活动。

第二年六月，袁继咸被清政府杀害于北京三忠祠。此前他被降清将领押解到北京之后，曾将遗书托人捎给傅山，希望傅山为他收藏、整理诗集，并悲壮地表示：山西学人中只有傅山对他比较了解，不久他盖棺之日，一定不会辜负傅山对他的知重，使傅山日后不会因为有这样的朋友而羞愧。傅山秋天才收到遗书，看后恸哭不已。袁继咸的壮烈就义，对傅山和原三立书院的学子们来说震动极大。于是傅山带着同学、好友陈谧来到汾州，这里聚集着很多三立书院的同学，如薛宗周、王如金、胡庭兄弟、木公、伯浑、曹伟等。尤其是薛宗周，当年曾与傅山一道领导过为袁继咸"伏阙讼冤"的斗争，关系非同一般。这些人都是反清的骨干力量。在这里，傅山与薛宗周联络了一批反清志士，陈谧则将傅山三年中写下的百余首激愤的诗篇编印成册，秘密发行。甲申后，薛宗周即隐居在汾州城外的一个小村庄里，钻研天文、地理和兵书，写成两卷《兵法要略》。傅山则令儿子傅眉跟续宗和尚学武术，"学手搏之技，握拳击钟响立应。纵跃山坡，上下如飞"。

兴亡着意拼

清朝以少数民族的身份入主中原，受到以汉族为主的各民族的强烈反抗。为了巩固其统治，首先采取的就是军事镇压，这更激起中原广大民众的反抗斗争。傅山在甲申五月写的一首诗中就有"愿诉祝融帝，火龙挥三千，烈焰吐一世，燎此污邪原"，期望火神祝融将大地烧个干干净净。明亡后的三四年间，傅山都是在寿阳、平定、盂县等地宣传鼓动当地的农民和逃亡到那里的农民军进行反清斗争。此时的傅山对农民起义军从明亡前忠于明廷的敌视，到明亡之后称反清的农民军为勤王之师，表达了企望乃至欢迎的态度。他在《傅史》中有“奇哉！河北贼穴中有吾宗使君，可喜，可喜”一句，傅山用兴奋而又诙谐的口吻说河北农民起义军中有他尊崇的来使，由此可见，共同的反对民族压迫使命将他与农民起义军联系在了一起。傅山在《七机岩》的诗中有“村僮贪暖饱，比屋贲育起。如赴君父难，弱肉甘刀矢。我来相锻炉，两人呻疮疪。相视发浩叹，何处无勇士。战场问国殇，乃独少如彼。大盗容侯王，钩窃仇如已。中原用剑戟，偷生亦可耻”，道出了他在晋中的山中帮助义军锻造兵器，希望当地的农民发扬古代的孟贲、夏育之勇，揭竿而起。另一首《赵氏山池》中的“凡物皆足役，猛兽可教战”道出了他组织和训练勇士的情况。据史料记载，傅山熟悉兵法，精通武功，擅剑术，尤长于醉拳，著有《傅氏拳谱》。梁羽生对傅山更是推崇备至，在他的《七剑下天山》《江湖三女侠》等一些反清小说中，都将傅山浓墨重彩，极尽渲染。虽然这是小说家言，但多少有一定的现实依据，可能事实正是出于此时。

顺治五年（1648）冬，原李自成部将李过、高必正反攻湖南，连战大捷。与南方相呼应，山西的反清烈火也掀起了高潮。十一月初，已经降清的明大同总兵姜瓖打出明朝的旗号，开始反清起义。姜瓖对清朝统治者崇满歧汉政策早已心怀不满，这时又正是在江西金声桓、广东李成栋反清之后，清廷对手握军权的汉族将领猜忌甚深，正往大同增兵。他判断满洲大军云集大同将对自己不利。大同地区的清朝官员又奉命征集粮草，急如星火，百姓怨声载道。于是，姜瓖在十二月初三乘总督耿焞等人出城验草的机会，突然关闭城门，下令“易冠服”，自称大将军，公开举起了反清的旗帜。姜瓖在当地是降清的汉官中职务最高，也是最有实力的，因此他的反清具有很大的示范意义。当时清英亲王阿济格闻讯连夜进兵，很快就到达大同城下。十二月间阿济格在向清廷的报告中说：“叛者不止大同，其附近十一城皆叛。”大同举义后，以此为导火线，反清大起义遍及山西全省，各地的汉族官绅和农民义军纷纷响应。在很短的时间里，北起大同，南至蒲州，东至五台，西面波及陕西榆林以至甘、凉一带，山西全省除了省会太原和少数城池外，差不多都被义师占领，甚至连河北、山东也竟然“山贼蜂起”。

姜瓖起事以后，清廷最初企图采取招抚政策加以解决。多尔衮当时已经自称为皇父摄政王，想以最高统治者的身份劝说姜瓖回心转意。然而，姜瓖反清的导火线固然同阿济格重兵压境有关，而根本原因在于满汉民族矛盾，举事之前既已遭到清廷猜忌，反清之后再图归顺好比覆水难收，前途更不堪设想，因此他对多尔衮的安抚置之不理。多尔衮见招安无效，决心以武力解决。顺治六年（1649）正月初四，他派敬谨亲王尼堪等统兵入山西。二月间，多尔衮亲自带领军队征讨大同。攻克浑源州、招降应州和山阴县后，突然接到北京传来消息，他的同母弟豫亲王多铎染上天花，病情危在旦夕。多尔衮无心恋战，三月间在赶回北京的途中，他来到大同城下，希望凭借自己的最高权威劝说姜瓖投降，但被回绝。六月，多尔衮再次亲征大同，命英亲王阿济格、敬谨亲王尼堪领军围困大同，端重亲王博洛、承泽亲王硕塞、多罗亲王满达海、多罗郡王瓦克达各负责一面，采取各个击破的方法平定动乱。清军几乎将全部精锐兵力都投入山西战场，逐步控制住了山西的局面，并取得了主动权。

随着时间的推移，抗清复明的义军纷纷自称为总督、总统、大将军等名号，发展自己的力量。姜瓖的指挥棒越来越不灵，军令也难以下达，更调动不了队伍。在多尔衮的围困下，大同变成一座孤城。清军用震天撼地的红夷大炮攻城，义军坚持了近两个月，后因“绝炊断粮，饥死殆尽”，部下将领杨震威刺死姜瓖打开城门投降。清军取胜后进行了残酷的报复，将大同城内军民全部杀死，以除后患。一时间，尸体狼藉，血流成河，使大同变成一座死城。为了防止人民的反抗斗争，清军又把城墙铲除五尺，毁坏一切防御工事。此后过了三年，清政府把府治从阳高迁回大同时，城内仍然人烟稀少，荒废不堪，杂草丛生，野兽出没，只好从各地迁移人口。虽然山西的反清火焰最后被扑灭了，但这场前后持续时间达九个月之久的大起义，声势之大、范围之广、影响之深，沉重地打击了清朝政府，震撼了清廷，是满洲清军遇到的入关以来最大的挑战。

面对这场轰轰烈烈的抗清斗争，傅山十分欣喜。当他听到薛宗周的学生叶润苍参加了在山东濮州一带以榆树林为根据地的反清农民义军，并响应大同姜瓖起义，在阻击清兵南下的战斗中英勇奋战、激烈悲壮时深表敬意。作诗云：“铁脊铜肝杖不糜，山东留得好男儿。橐装倡散天祯俸，敲角高鸣日月悲。咳唾千夫来虎豹，风云万里泣熊罴。山中不诵无衣赋，遥伏黄冠拜义旗！”不仅如此，傅山还与同学、挚友薛宗周、王如金一同参加了交山农民义军的抗清斗争。虽然史实不甚明朗，傅山本人也是讳莫如深，但从傅山的《年谱》记载他“丙戌（1646）已在汾阳”，以及他的诗文中不难看出其端倪。他在

《题宋元名人绘迹》中说："贫道侨西河，则薛子文伯、王子子坚与游，而西河之人谓薛、王被贫道从而废。"可见，薛、王参加举义应是受傅山的组织、鼓动的。再有其诗《雪夜同文伯、子坚、木公、伯浑驴背偶成》，足见傅山与这四位反清斗士雪夜同行，并驾齐驱，为他们共同的事业而百折不挠，艰苦奋战。

薛宗周、王如金均为汾阳人，是傅山在太原三立书院时的同窗，他们结伴交游、秘事反清，成为生死相许的战友。薛宗周，字文伯，崇祯九年（1636），山西提学佥事袁继咸被诬押京，作为袁继咸得意生徒的傅山、薛宗周随袁赴京，他们组织带领三立书院的百余名学生来到京城，奏疏陈情、散发揭帖、拦轿申斥、出堂辩争，时间持续半年之久。这期间，二人同甘共苦，筹谋计策，并肩奔波，生死与共，终以胜诉凯旋。王如金，字子坚，明亡后隐居汾阳。傅山此时多寓居汾阳，与王如金来往频繁。傅山《甲申集》被整理而出后，王如金特写《傅青主甲申乙酉诗草跋》，说《甲申集》常伴其左右，如"与青主共朝夕，日以佳篇示我"。在这段患难岁月里，傅山还长期住在王如金居所，并为王如金写下了《子坚先生斋竹》《子坚书斋移得竹十一个》《西河王子坚贻诗用韵》等诗篇。

顺治六年（1649）三月，姜瓖被困大同时，命姜建雄由大同南下与交山义军会合。两支部队会合后，三月中旬攻取了交城、文水，四月初二攻汾阳，十三日汾阳守军投降。此时薛宗周和王如金"募汾山乡义军千余人"，"自备马匹器杖"响应姜建雄带领的义军。五月各路义军准备联合攻入晋祠，然后继续攻打太原。起义军与清端重亲王博洛所统大兵展开血战。博洛连日围攻晋祠不下，命士兵在晋祠北挖地道炸城。由于义军组织、配合有失误，抵挡不住清军的进攻，结果大败。原来攻取太原的计划也落空了，薛宗周、王如金也战死。傅山闻讯，悲恸欲绝，和着血泪，写下了《汾二子传》，热情赞扬他们的气节和壮烈义举："从古无不亡之国，国亡后有二三臣子信其心志，无论成败，即敌国亦敬而旌之也。"并沉痛疾呼："乃二子果能先我赴义""余乃今愧二子！余乃今愧二子！"扼腕痛惜，并自责自惭。另又作《悼子坚二首》《无聊杂诗二十首》，追忆怀念薛、王二子，甚愧自己未能随挚友一同战死沙场。

"朱衣道人案"

面对老师和同学在反清斗争中壮烈牺牲，傅山没有退却，而是以道士身份和行医作掩护，来往于盂县、平定、寿阳、祁县、汾阳和晋源一带，秘密进行反清活动。在顺治十一年（1654）六月十三日，傅山因被人出卖，被捕入太原狱，直到次年夏秋间才被释放。

傅山的被捕与一个叫宋谦的人有关。宋谦是南明永历小朝廷总兵宋遇春之子，顺治初年就投奔到南京的福王朱由崧弘光帝处。弘光政权覆灭后，他又南下投奔到在肇庆称帝的桂王朱由榔的永历政权。永历政权有抗清名将郑成功的支持，与大顺、大西等农民军政权联合抗清，支撑台湾及中南、西南数省半壁江山，顺治五年至顺治九年收复了南方多个省，影响极大。由于宋谦在几次战役中英勇善战，深得南明皇帝朱由榔赏识，赐姓为朱，名朱焕慈，授予总兵之职，并发给任命书和印玺等信物，命其"招结将士，联络义兵"。

顺治四年，南明皇帝派宋谦到北方秘密活动。他在河南组织了一支反清义军，自任首领。他在山西活动化名为李谦，到陕西活动化名为李秋霸，都是用道士的身份作掩护。顺治九年、十年先后两次在汾阳会见过傅山，密谋反清之事。顺治十一年宋谦到晋、豫、冀交界地带活动，准备利用三月十五日索堡山王母娘娘庙会起义攻占涉县。但不幸的是三月十二日宋谦等人行经武安县午汲镇住宿时，因骑有骡马，带有弓矢，引起了武安县巡捕的注意。宋谦等九位首领被捕，并被查出方印、委任书和所谓的“党人簿”。在审讯中，宋谦等人先后受刑招供，供出山西的虞胤、傅山、张琦等人。招供后宋谦等人即被处死。

傅山是六月十三日在土堂村被捕的，关在太原监狱。历经太原知府边大授初审，后会同清军同知傅鸾祥、理刑推官王秉章会审，几经严刑拷问，傅山坚贞不屈，只承认宋谦来府上求见，但由于忙没时间见，更是矢口否认与宋谦密谋有关政治活动之事。傅山知道宋谦已死，死无对证，因此坚定了信念，一口咬定宋谦供他是因为他不接待而遭到的诬陷，要求对质。傅山在狱中绝食九日，几死，以此捍卫自己的尊严。由于取不到主证、旁证的质对，加之在关键时刻山西布政使魏一鳌和山西按察使杨思圣等地方官员证明他们在请傅山看病时，遇见傅山曾坚决拒绝会见宋谦，所以最后在清廷上下汉族官员的帮助下，最终被无罪释放。他的朋友们为此庆幸，而傅山却认为“病还山寺可，生出狱门羞”“有头朝老母，无面对神州”，表达了他未死于抗清战场和狱中，苟且偷生，无颜以对神州，要在清朝统治下生活，感到十分惭愧。傅山的老母对儿子的正义行动十分理解。甲申后，随傅山奔波流亡异乡，生活艰难，安然处之。傅山下狱后，因思念儿子而饮食大减，眼泪不干，但她却对设法营救傅山的人说：“道人儿应有今日事，即死亦分，不必救也。”这说明了她在思想上早有了准备，是预料中的事。

傅山出狱后依然进行反清复明的活动，反对封建专制制度。但此时北方的抗清斗争已经转入低潮，在经过一段时间的休养生息之后，傅山怀着能际遇中兴之主的一线希望，去南方考察抗清斗争的形势，寻找新的出路。有关傅山去南方的线路有两种不同的说法：一种是梁羽生小说《七剑下天山》所描述的“自山西经陕西，取陆路入川”，再“自川入滇”，“到了桂林”，后又“潜入西藏”；另一种是根据傅山的诗，但由于留下的只是每到一地的感慨或风景的描绘，没有时间的顺序，所以只能了解他到过哪里，但不能判断出他所经过的线路。从《朝沐赋》中“蹇浮淮兮渡江”一句，以及《江风》《江月》和《燕子矶看往来船态颔之》可以看出他渡过淮河、长江来到南京。这是因为顺治十六年（1659）六月郑成功率领的抗清义师从厦门北上，在崇明岛登陆后，沿长江七月到达镇江围困南京。傅山也许是在南行途中，听说了郑成功保卫南京，心情非常兴奋，乘船赶到南京。但令傅山失望的是，他到南京后郑成功的队伍已经撤走，眼下的南京早已没有了渴望已久的抗清大军。原来郑成功围困了南京两个月，士兵的斗志逐渐松懈，清军突然从城内出击，攻其不备，南明军战败，郑成功仓皇退出长江，返回厦门。傅山带着失望离开南京，曾去过淮安，后经东海到达海州（今江苏连云港），最后返回故乡太原。在东海傅山写诗《东海倒座崖》云：“关窗出海云，著被裹秋皓。夜半潮声来，鳌抃郁州倒。一灯续日月，不寐照烦恼。佛事要血性，望望田横岛。不生不死间，云何为怀抱。”他在诗中以抗秦而亡的田横等五百壮士，追誉起义的将士。

第 5 章

“隐忍兮文章”，拒考不受封

隐居松庄，自称侨松

顺治十六年（1659），由于母亲病重，傅山结束了南游，返回故里。经傅山精心医治，母亲病情有了好转，但他还是觉得自己多年来长期在外为反清奔走，甚至入狱，母亲不仅自甲申以来过着颠沛流离的生活，而且还要担惊受怕，所以对母亲一直心存愧疚。傅山是一个孝子，他早年丧父，是母亲将他抚养长大。母亲对傅山的影响非常大。虽然他是一个道士，受老庄的影响很深，但他对孝道的认识仍是传统的儒家思想。傅山还很赞成孔子的观点：“菽水可尽欢，圣言何其章”，只要尽心孝顺父母，喝口水父母也很高兴。傅山认为孝是人的天性，是发自人内心的真实感情，“以一人言之，孝无始终；以世界言之，孝无古今。世界有变而孝无变”。所以，傅山反对腐儒的所谓“孝”的烦琐虚伪、徒具形式，也反对厚葬。傅山认为这些只是“博一孝名”，与其这样，还不如在父母活着的时候对他们孝顺。傅山因“朱衣道人案”坐牢，儿子傅眉被人营救出狱，傅山就嘱咐儿子代替自己尽孝。在傅山的《哭孝》一诗中就充分体现了儿子对母亲的孝道：“乱离动转徙，亏尔升斗谋，祖母不至饿，我每暗点头……相守又六年，祖母将弥留，扶抱至揩拭，一切代我周，径以孙为子，竭力无犹豫。”这首诗说傅眉代自己尽孝的种种情景，读起来感人肺腑。这一年年末，傅山来到绵山，瞻仰介庙。

绵山位于山西省介休市西南二十公里处，方圆三百余里，其岗峦雄伟，崖壑幽深，且林木繁茂，涧流争鸣，可谓人间仙境。春秋时期，晋国公子重耳流亡，介子推从之，历时十九年，备受艰辛。重耳在卫国绝粮时，介子推割股肉给他充饥。重耳很感动，表示日后定要报答他。介子推却表示不求报答，但愿重耳将来复国为君后能政治清明，使百姓安居乐业。后来重耳复国为晋文公后，封赏从亡功臣时，竟将介子推忘掉，介子推认为重耳复国是天意，也不去争功邀禄，遂背上老母来绵山隐居。晋文公得知此事后便来绵山找他，但他不肯相见。于是，晋文公便放火焚烧绵山想逼他出来，但他不改初衷，母子相倚死在一株大柳树下。晋文公将其安葬在介公岭上，并择其庐旁立庙奉祀，供人瞻仰。

傅山来到此，并作诗《神林介庙》曰：“青松白栝十里周，桂青柢白祠堂幽。晋霸园林迷草木，绵田香火动春秋。名更卖扇传东海，身隐承颜肖故丘。还虑寒山太枯寂，婉容分到牡丹头。”表示他此次瞻仰介庙，将以介子推为榜样。“身隐”意思就是从此以后不求闻达，不谋营利，闭门读书，清贫度日，隐居闾巷。“承颜”意思是一心敬孝，侍奉老母。孔子的学生问孔子，什么事最难？孔子说：“承颜最难。”而承颜要做到“婉容”更难。也就是说，侍奉双亲要做到心口如一是很不容易的。介子推侍奉老母的孝心，感动得连牡丹都现出了婉容。“肖故丘”意思是说自己要默默无闻地老死在故乡，其中的“肖”即消，这里是消失之意，也就是老死的意思。另外他还书写了“承颜堂”三个大字的匾。从这首诗可以看出傅山思想的转变。傅山的南方之行使他看清了抗清的形势，深感大势已去，自己只能是独善其身，“隐忍兮文章”，从想亲身参与的武装斗争转到暗中支持和思想文化战线上的斗争了。

顺治十七年十一月二十八日，傅山母亲贞髦君逝世于松庄，享年八十四岁。母亲去世时虽已是高寿，但仍让他悲痛不已。母亲一生含辛茹苦，是一个见识非凡的老人。为了纪念母亲，傅山想慎重地为她老人家写一篇墓志铭。这时，他想到了当时的大理学家孙奇逢。孙奇逢，字启泰，又字钟元，明万历二十八年（1600）举人。明天启五年，阉党魏忠贤残酷迫害东林学派人士，左光斗、魏大中等人被诬入狱，孙奇逢挺身而出，将生死置之度外。孙奇逢之学，原本象山、阳明之心学，以慎独为宗，以体认天理为要，以日用伦常为实际。傅山虽然反理学，但他看重孙奇逢在明代时站在东林党的立场反对魏忠贤，明亡后坚决不当清朝的官。在学术观点上傅山认为孙奇逢不同于“一味版拗”的正统理学家，而是主张经世致用的。特别是傅山的好友魏一鳌是孙奇逢的学生，在与魏一鳌相知相交的过程中，傅山熟悉了孙奇逢的人品和学识，于是产生了拜访孙奇逢并请他为母亲写一篇墓志铭的念头。

一年多后，他不辞劳苦辗转来到河南辉县东夏峰村找到了孙奇逢。两人相见恨晚，谈学问、谈政治，思想的火花不断碰撞，又不断地融合。在《杂记五》中傅山这样写道：“顷过共城，见孙钟元先生，真诚谦和，令人诸意全消也。其家门雍穆，有礼有法，吾敬之爱之。”当傅山提出来想请他为其母写墓志铭时，孙奇逢因看重傅山就爽快地答应了。听完傅山关于母亲的叙述之后，当下就提笔写下了《贞髦君墓志铭》。在这篇铭文中孙奇逢用感人的文字赞誉傅山母亲，特别提到傅山下狱及出狱前后其母的态度：“甲午，山以蜚语下狱，祸且不测。从山游者佥议申救。贞髦君曰：‘道人儿应有今日事，即死亦分，不必救也。’逾年，山出狱见母，母不甚痛，亦不甚喜，颔之而已。呜呼，此母之达识何如也！”一位母亲面对清廷的暴政，甘愿奉献自己的儿子，深明大义的形象跃然纸上。孙奇逢所写的墓志铭傅山十分满意，他也为母亲尽了最后的孝。

自顺治十七年起，傅山开始隐居于太原城东南的松庄，以遗民自居。他在《口号》诗中云：“太原人作太原侨，风流名士太寂寥。”侨松就是明遗民侨居松庄的意思。寓意为虽还在国土，却像侨居异国他乡，包含着国破家亡的痛心。直到康熙十三年（1674）傅山才离开松庄，迁到西山土堂村。

傅山在松庄的生活表面上看来是单调的，“送老真须酒，掀杯还展书”。只有饮酒、看书、写字，实际上他是把松庄和祁县的丹枫阁当作接待四方抗清志士的联络点。此时与傅山来往最密切的人应是祁县才子戴廷栻。戴廷栻，字枫仲，一字维吉，号补岩，一号符公，出身于世宦家庭。曾祖戴宾为直隶大名府通判。祖父戴光启，历任陕西按察使、河南右布政使等。父戴运昌，任河南尉氏知县、户部员外郎，颇有政声，明亡后隐居于祁县麓台山，不为清廷做官，也不与权贵往来，至死未与清王朝合作。戴廷栻深受其父影响，从小得到良好的文化教养，崇祯九年二十岁时被选拔入太原三立书院读书。戴廷栻和傅山本是三立书院的同学，从前因戴廷栻年龄较小，又是有钱人家的子弟，跟傅山不甚来往。明亡后，戴廷栻与过从甚密的几位明朝名士，毅然选择了“全志保节、誓不仕清一途”，并古道热肠帮助抗清志士，遂与傅山成为一生的挚友、莫逆之交。在傅山生活极为困顿的几年里，他时时接济傅山。傅山为了酬谢，也经常赠书画给他。

为了支援反清义军，打破清政府的经济封锁，顺治十六年，傅山和戴廷栻联络商界人士在祁县城内办起了祁县第一票号——义振泉票号庄。义振泉票号庄是由余剩源当铺改的，总资本白银四十万两，票号位于祁县城内西大街“昭余世家”牌楼北侧，由戴、李两家投资。由戴廷栻、李垦为专东，戴惇林为掌柜。据李垦的《李氏家谱》记载：“顺治十六年，由傅山经手，支大同义军白银三万两，支江浙军费四万两。”当然，这都是以走镖方式运送的。顺治十七年戴廷栻建造了一座全国闻名的楼阁“丹枫阁”。该阁为三间四层，规模宏大，蔚为壮观。戴廷栻还撰写了一篇《丹枫阁记》，用晦涩的语言委婉地表述了怀念明朝及寻求同志、立志反清的意向。傅山为“丹枫阁”题写了匾额，并加跋语。山西及全国的许多反清志士和文人学者，经常在丹枫阁聚会。其中知名者除傅山父子和顾炎武外，还有白居实、胡庭、张天斗、李中馥、毕振祯、魏象枢、李孔德、阎若璩等人。丹枫阁一时名满天下，学者仰之如泰山北斗。海内名流，南方多聚于冒辟疆的“水绘园”，北方则是“丹枫阁”。戴廷栻与傅山等人秘密进行反清活动，大家互相以岁寒三友相勉励。戴廷栻和“丹枫阁”当然也成了傅山与其他反清者联系的枢纽。戴廷栻在《不旨轩记》里说：“太原东郭松庄，公他先生今侨于此。侨有不清旨轩，盖偶有客过先生之侨，出浊酒觞客，酒颇不佳，先生因述到遗民酒殊不清事以解嘲，客因大醉，先生即笑取不清旨以名其轩。”这里的“清”指仕清，“浊”指不仕清。

康熙二年（1663）正月，著名学者、抗清义士昆山人顾炎武到松庄访问傅山，两人相见恨晚，自此成了莫逆之交。顾炎武赠傅山诗称赞他：“苍龙日暮还行雨，老树春深更着花。”傅山手稿中有“沧海碧云天际意，丹霞明月野心”。顾炎武在江南得知李自成撤离山西时在太原东山曾留下一秘密金库，准备前去寻找，如若找到，两人准备将资金投入票号，筹兑资金，作为反清复明资费，也为长久大计着想，资助有识学子，认真读书知理，担负起宏伟大业。虽然金库是否找到目前尚未有资料，但傅山、顾炎武和戴廷栻，秘密集中于山西祁县城内的丹枫阁内，广泛结交天下志士，组织反清武装力量。他们广泛搜集流散金银，扩大了义振泉票号庄的业务，在他们制定的反清复明纲领中，即有一条为“封锁经济，藏金于民”。据说，顾炎武还亲自起草了票号规章，并著有《票号论》一书。义振泉票号庄不但沟通了各地的经济信息，方便了晋商的业务活动，有力地支援了反清义军，同时也便利了各地反清组织互通情报相互联络。由于义振泉票号的影响越来越大，引起了清政府的注意，在康熙二年七月被查封，其财产与资金全部没收。

身隐心不隐，“彻夜醉霜红”

傅山一生作诗、作文从未间断，即使在带着儿子傅眉辗转逃亡或秘密进行反清活动时，仍是白天奔走，晚上不仅自己读书写作，还要教导儿子学习。傅山对儿子的教育既重身教，也重言传。在他的严格教诲下，傅眉不仅成为一位诗文书画皆通、武艺高强的文武全才，而且和父亲成为志同道合的战友，一同反清复明。傅山在明朝未亡之时，他的思想带有强烈的进步倾向，不受当时学者重理学的影响，赞扬具有革命新精神的被明朝统治者视作洪水猛兽的李贽学术思想，对明末的政治腐败、官场龌龊有清醒的认识。清军入关，明王朝灭亡后，傅山一反清初一般学者以经学为中心的研究范围，而是独辟研究子学的途径，冲破宋明以来重理的羁绊，开拓了新的学术研究领域，成为清之后研治诸子的开山鼻祖。傅山的诗赋，则是继承了屈原、杜甫以来的爱国主义传统，他主张诗文应该“生于气节”，以是否有利于国家和民族为衡量标准。

顺治十三年（1656），傅山出狱后不久，挚友戴廷栻就向他建言：“惓念晋之文人才士，凋谢殆尽，幸先生与居实在，今寿毛（傅眉）、季子（胡庭）继起，皆一时高才而淹淹草野，欲稍梓篇章，以备晋人一种。”希望将傅山的诗作刻版印行。傅山当时没有同意，认为：“我非诗人，自知甚审。”拒绝了戴廷栻的好意。五年后，戴廷栻还是出版了《晋四人诗》。胡庭为明代户部主事胡遇春之子。傅山对他曾给以高度评价，在其《明户部主事汾阳胡公传》中言胡庭“富才藻，诗凡百千首，当得意则盛唐大家，今人无其匹也。……余惊之，忘年”，更有在其《书胡季子书稿后》诗中云：“风流胡季子，花笔起河西。艳选徐陵盛，奇添李贺姿。”与之交往甚为密切，多有书信来往，诗文唱和，并同游名胜，寄情山水。顺治十六年，胡庭与其弟胡同等陪同傅山游绵山介子推庙；康熙十三年（1674），胡庭等陪同傅山游柳林南山寺、中阳柏窊山；康熙十四年，胡庭等再次陪同傅山游中阳柏窳山。傅山与胡庭有不少共同点，戴廷栻发现了他以及傅山同学白居实、傅山儿子傅眉四人的“心同学同，胆识议论同，时命同”，即使诗略有不同，亦不过是“才力厚薄”有差而已，遂辑成了《晋四人诗》，传之于世。傅山的诗终于传播开来，扩大了影响。

傅山避开现实，抛却俗物，调摄心神潜心著述一段时间以后，苦恼和困扰又随之而来，对他来说文章应时而作，离开人群，忘怀人世，把民族兴亡置之脑后是怎么也办不到的。所以，此时的傅山只能是“身隐”，而不可能“心隐”。他在一首《青羊庵》的五言诗中写道：“心隐亦伤厚，况复肆其簧。多所不忍道，岂复胜篇章。流运郑卫诗，使人不能狂。澹静陶处士，乃有咏荆卿。剑术惜其疏，举杯饮欲忘。重篱不可解，颇异山谷黄。”即使像陶渊明那样的隐士，还有咏荆轲的诗篇，何况自己曾经有过“盾头磨墨”、战场草檄的志向，而如今心志未遂，心里十分酸楚。“吟咏凄凉愧壮夫，诗书酸楚合吾徒。盾头磨墨才当见，笔上生花气莫粗。殊慕穆之裁袴褶，何妨司隶混襜褕。人间隐逸无多少，山泽如何肯纳污。”傅山抑制住自己苦闷的心情，一方面秘密帮助抗清的义军，一方面从事著述，总结历史经验，扫除理学的陈言空谈，弘扬民族文化精神，将反清思想提高到反对封建专制、民族压迫的高度去研究论述。虽然比不上“弯强跃马”“盾头磨墨”来得痛快淋漓，但比“心隐”更富社会责任感。

他在《家训·训子侄》中说出了他这时从事著述的内心想法：“自恨以彼资性，不曾闭门十年读经史，致令著述之志不能畅快。值今变乱，购书无复力量，间遇之，涉猎之耳。兼以忧抑仓皇，蒿目世变，强颜俯首为蠹鱼，终此天年。火藏焰腾，又恨呫哔，大坏人筋骨。弯强跃马，呜呼已矣！或劝我著述，著述须一副坚贞雄迈心力，始克纵横。我庾开府，萧瑟极矣！虽曰虞卿以穷愁著书，然虞卿之愁，可以著书解者。我之愁，郭瑀之愁也，著书无时亦无地。或有遗篇残句，后之人诬以刘因辈贤我，我目几时瞑也。尔辈努力，自爱其资，读书尚友，以待笔性老成，见识坚定之时，成吾著述之志不难也。”傅山以历史上的人物自况，解说自己与他们著书的同与异。

庾开府即南北朝时期的庾信，出身于梁朝一个既有显要政治地位又有深厚文学素养的家庭。他的父亲庾肩吾在当时是地位很高的知名之士。庾信幼时就很聪敏，博通子史，犹善吟咏。他做昭明太子的东宫讲读时，年仅十五岁。梁元帝在江陵继位后，他任右卫将军，封武康侯。承圣三年（554），庾信奉命出使西魏，但接着西魏便攻打江陵，梁元帝出降被杀，梁王朝实际上等于灭亡。这时，由于庾信在文学上的成绩和声望，被西魏统治者扣留在长安。他未能坚守民族气节，而是在西魏做起官来。北周代魏，统治者对他更加尊宠。他的官位在魏、周两朝都是显贵的，官至开府仪同三司，因此史称“庾开府”。虽然庾信官位显赫，但他的内心是十分矛盾痛苦的，对故国家乡的思念加深了他的思想力度，为其文学创作打开了新的方向和境界。庾信早期的文章，以绮丽著称于世，特别讲究形象、声色，长于骈俪、用典，虽然免于艰涩之病，但仍然没有脱出浮华艳冶、绮靡柔弱的风气，奠定了他在文学史上地位的是他晚期的作品。这时，深沉的故国之思和乱离屈身之辱，使他的思想经常陷在痛苦的矛盾中，因此文章风格发生了变化，在原有的清新流丽中显出苍凉、沉雄的气概。《哀江南赋》历叙梁代兴亡和庾信自己的家世，在中国赋史上占有重要的一席之地。他在自序中说："追为此赋，聊以记言，不无危若之词，惟以悲哀为主。"

虞卿，战国时著名的游说之士，一生游说于诸侯之间。赵孝成王初见他就赐黄金百镒、白璧一双，再见时封他为上卿，故名虞卿。长平之战时，赵王不听虞卿联合魏、楚的主张，战败。长平战后，为解救秦军对邯郸的围攻，虞卿力排众议，献策赵王，联合齐、韩、魏等国合力攻秦。取胜后，深得敬重，赵王赐城邑，以及佩卿相印。战国后期，赵国社会矛盾日益复杂，形势日衰，虞卿无心政治，弃相印去魏。晚年穷困于梁，从事学术研究，著有《虞氏征传》《虞氏春秋》十五篇，司马迁《史记》中有《平原君虞卿列传》。

郭瑀，东晋十六国时期甘肃敦煌人，少时好学，节操超人。青年时游学到张掖，拜隐居在张掖东山的著名学者郭荷为师，潜心攻读，精通经义。郭荷死后，郭瑀为师守孝三年，继承师业，后到临松山薤谷（今马蹄寺）开凿石窟，设馆讲学，著书立说，弟子多达千余人，著有《春秋墨说》《孝经综纬》等。前凉王张天锡听说郭瑀精通经义，品行高洁，便遣使持谕前往临松山，请郭瑀出山为官。郭瑀婉言谢绝后，继续过隐居生活。前秦皇帝苻坚久慕郭瑀大名，也派使者请郭瑀出山为官，郭瑀借口为父守孝，拒绝前往。东晋太元元年（376）王穆在酒泉起兵，对抗前秦，派人联络郭瑀与索嘏在张掖起兵策应，封郭瑀为府太左长史、军师将军。后来王穆与索嘏不和，要杀索嘏，郭瑀极力劝阻，王穆不听劝，杀了索嘏。郭瑀万分悲痛，绝食数天而死。

刘因，元朝人，世祖至元十九年（1282）应召入朝，为承德郎、右赞善大夫。不久借母病辞官。母死后居丧在家。至元二十八年，忽必烈再度遣使召刘因为官，他以疾辞。死后追赠翰林学士。他的诗是元初文人中反映遗民思想较多的，虽然隐晦曲折，但感情比较真挚沉重。

傅山认为，战国时期虽分为许多小国，但都是汉人统治，一个游说之士无所谓祖国，所以虞卿在受困时，可以著书立说以解愁。而庾信和刘因两人都没有民族气节，一个侍奉鲜卑人，一个侍奉蒙古人，他们与自己著书解愁是不一样的。以上四人中只有郭瑀的愁与自己的愁是一样的，都处于异族统治之下而不屈服。但现在建功立业，跃马挎刀打天下之志不得伸，即使著书也无法排解心中的愁。傅山认为自己留下的文章诗句绝不同于为元朝异族统治者服务的刘因，尽管他后来以孝母为由不再出仕，如果将来后人以刘因之辈比喻赞美自己，自己是死不瞑目的。

傅山在著述时也不完全是忧愁，也有兴奋和专注的时候，高兴时他会说："古人学府在三冬，懒病难将药物攻。江泌惜阴乘月白，傅山彻夜醉霜红。"傅山的大部分著述都是在这一时期和博学鸿词科考放归后完成的，特别是他的涉及经子学的《毛诗注疏》批注、《仪礼注疏》批注、《春秋左传注疏》批注、《墨子》校注、《管子》批注、《庄子翼》批注、《荀子》批注、《淮南子》评注、《吕氏春秋》批注、《说苑》批注等，以及百泉帖佛经批注、诸史批注和医科方面的文章。傅山一生著述颇丰，可惜所著宏论，大都散失，只存书名和篇名，留存于世的仅《霜红龛集》和《两汉书姓名韵》两部，以及医科专论《外经微言》《傅青主女科》《产后编》《傅青主男科》《青囊秘诀》等。

坚拒清廷博学鸿词试

清朝在康熙皇帝即位之后，逐步调整了政策，缓和了民族矛盾，完成了除台湾以外的中国大陆的统一，社会稳定，各地反清复明活动也逐渐平息。雄才大略的康熙帝在清政府日益巩固的康熙十七年（1678）颁诏天下："自古，一代之兴，必有博学鸿儒，振起文运，阐发经史，润色辞章，以备顾问著作之选。朕万几余暇，游心文翰，思得博学之士，用资典学……凡有学行兼优、文辞卓越之士，不论已仕未仕，令在京三品以上，及科道官员，在外督抚布按，各举所知，朕将亲试录用。"康熙令各地举荐博学之士并送至北京。因天气寒冷，原定于当年十二月的考试时间改为第二年三月。康熙十八年三月初一，全国被荐举者有一百四十三人，齐集太和殿，后赴体仁阁应试，试题是《璇玑玉衡赋》《省耕诗五言排律二十韵》。康熙在保和殿御试，宣布录取博学鸿儒五十人，其中一等二十名、二等三十名，约占应试人数的三分之一，授以侍读、侍讲、编修、检讨等职，并入"明史馆"纂修《明史》，朱彝尊、严绳孙、汪琬、潘耒、李因笃、毛奇龄均在此列。其中，朱、严、潘、李四人以布衣（平民）身份入选，时称"四大布衣"。有不少明朝遗老宁愿冒着杀头的危险，力辞不就。像顾炎武、黄宗羲、傅山等。

"博学鸿词科"旨在笼络那些有名望、有影响的学者，以泯除亡明遗老们的反清意识。这一年傅山已七十二岁高龄，吏科给事中李宗孔、刘沛先推荐傅山应博学鸿词试。傅山听到消息后，坚决称病推辞。在傅山看来，活着就要诚笃真挚，气节凛然，指向专一，因此坚持忠于明朝，不承认清朝的立场不能变，拼了老命也要保持晚节。他在《病极待死》诗中写道："生既须笃挚，死也要精神。""此行若得生还里，汾水西岩老首邱。"但阳曲知县戴梦熊奉命促驾，于第二年年初命役夫强行将傅山抬着硬送到北京。去京途中，傅山一路上悲愤交集，寝食皆废，用锥子刺破两腿，到了京城已骨瘦如柴。到北京后，他拒不入城，卧病于崇文门外三十里的久无人烟的圆教寺中。傅山以病重为由，卧床不起，就是不肯应试。由于傅山的声望，清廷文华殿大学士兼吏部尚书冯溥并一干满汉大员隆重礼遇，多次拜望诱劝，傅山巧妙地卧床不行迎送礼。魏象枢以傅山老病向康熙报告，皇帝居然恩准免试，授封内阁中书之职。冯溥劝傅山入朝叩谢这种特殊的恩宠，但他仍以病为由拒绝，坚决不去叩头谢恩。不得已冯溥派人强行抬着傅山入朝。到午门，傅山直挺挺地站在那里，冯溥上前强拉他叩头谢恩，傅山有意禁不住扑倒在地，以示志节不屈。在傅山眼里，民族气节重于泰山，个人的仕进轻如草芥。在一旁的魏象枢连忙说这就算谢过了。这样一方面使此事得以圆满了结，另一方面又使傅山保持了自己的晚节，并以后能"脱然无累"，足见傅山的智慧。第二天，傅山便匆忙回山西了。

傅山离京返回太原后，地方诸官闻讯都去拜望，并以"内阁中书"称呼。对此，他低头闭目不语不应，泰然处之。阳曲知县戴梦熊奉命在他家门首悬挂"凤阁蒲轮"的额匾，傅山凛然拒绝，毫不客气，表现了自己"尚志高风，介然如石"的品格和气节。之后，他至死都自称为"民"，避居乡间，同官府若水火，继续从事著述，曾先后接待和拜访了不少文人、学者，成为与清政府不合作的在野的思想文化界的领袖和代表之一。

康熙二十三年（1684）二月初九傅眉过世，年近八旬的傅山痛不欲生。他用血泪一口气写了十四首《哭子诗》，其中有“尔志即我志，尔志惟吾知”和“吾诗惟尔解，尔句得吾怜”这样刻骨铭心的句子。这些诗写出了自己和儿子在诗歌、书法、政治志向上的默契和一致，悲痛之情溢于言表。白发人送黑发人，人生最大的悲痛莫过于此，傅眉的去世是对傅山一生最沉重的打击，相隔四个月零三天，傅山亦于六月十二日（公历7月23日）病故于西村，终年七十八岁。临终遗言：“我殁后以朱衣黄冠殓。”表明他至死保持了自己的政治和思想的信仰。

傅山墓地在阳曲西部，即今太原市西北的山丘间。据《阳曲县志》记载：出葬那天“四方来会送数千人”。连清政府的许多高官重臣都送来祭文，内阁大学士陈廷敬写道：“儒林恸失其师表兮，四方闻讣而含悲。”在傅山死后二十五年，也就是康熙四十八年，由于他在知识分子和平民百姓中享有极高的声望，阳曲县学乡贤和太原三立祠以傅山入祀。到了清代末期光绪七年（1881），张之洞出任山西巡抚，在太原创立书院令德堂，设“四征君祠”，傅山再成四位入祠受祭者之一。辛亥革命后，1917年民国政府在太原专建了“傅公祠”，阎锡山写了“尘表孤踪”的牌匾。近现代著名的学者、教育家和诗人江瀚为“傅公祠”作对联云：“论三晋人豪，迹异心同，风亮日永；作百世师表，顽廉懦立，霜满龛红。”到了现代，复旦大学校长、著名史学家蔡尚思对他的评价更高，说：“他是一个多面手，对经学、史学、诸子学、道教、佛教、诗、文、杂剧、字、画、金石学、音韵学、训诂学，以及医学等无所不长，不仅为明清间各大学者如黄宗羲、顾炎武、王船山等所不及，也为古来学者如苏东坡等所难比。”

第 6 章

“气在理先”，对理学的批判和超越

摒弃宋明理学的缘由

明代以“理学开国”。永乐时，敕撰《四书大全》《五经大全》，科举取士均以朱熹注为准，上下都崇程朱理学。从明初至成化百余年间，程朱理学垄断了思想学术，基本上没有对立面，也没有像样的学术争鸣。学者唯知掇拾宋儒语录，将朱子奉若神明。这种僵化沉寂的学术空气如一潭死水，很难再激起清澈鲜活的思想浪花，从而引起了有识之士的不满，他们开始寻求新的境界。于是，王阳明的心学逐渐取代了长期居于统治地位的程朱理学。这一思想学术的重大转变开始于弘治年间（1488~1506）。

明中叶社会危机日益深重，土地兼并加剧，小股农民起义连绵不断。在政治上宦官专权，权力之争非常激烈，北方蒙古残部经常骚扰边境，各种危机交织在一起，导致蒙古军在河北怀来大败明军，造成了俘虏明英宗的“土木之变”和英宗复辟的“夺门之变”。这两次大事变犹如两次大地震，将朱明江山震得摇摇晃晃，促使统治者开始反省自救。明孝宗继位后励精图治，进行政治改良，广开言路，言论比较自由。这使得新进之士都敢于发表政见，抨击时弊，提出新鲜的见解和新的学说。王阳明心学正是在这时作为程朱理学的对立面出现的。这种新学说一出现就迅速传播开来。

王阳明提高了人的主体精神，在当时天下盲目崇拜程朱理学的时代，能够高扬主体的自觉性，对于破除思想迷信，打破程朱理学的一统天下起到了积极的作用。程朱理学体大思精，重视铢分毫析，辨析学理细如牛毛，这是程朱理学的长处，但也有支离破碎的弊病，其末流尤为严重。而阳明心学简明直接，“一提就醒”。为救程朱之失，阳明治学务求“精一”“明白”“简易”“直截”，以“致良知”为第一要义，教人在本质上用功，而不是“殚精竭力，从册子上钻研，名物上考察，形迹上比拟”。另外，王阳明以“狂者”自居，认为圣贤和经典也有局限，孔子的话也不一定句句都是真理。王阳明的心学比较接近世俗，而不像程朱理学那样高深幽微。阳明心学突出的是主体精神的伟力和作用，强调以我为主，以自己的头脑、灵明审视一切的主张，对长期居于统治地位的僵化的程朱理学具有振聋发聩的巨大作用。

在阳明学说的影响下，明代中叶以来的学人治学研经，大都不依傍旧说，不株守传注，而是根据原书文本提出自己的见解，多有独到之处、警策之见，灼亮耀眼，清新喜人。但这样的学说思想也存在一些弊病，那就是缺乏严谨的治学精神，不重视考据，引证中疏漏纰缪颇多，包括一些有名的学者。明代亡国，促使一些有思想的学者不得不思考这沉重的历史教训。

他们在寻找明代灭国的原因时，对明代心学作了深刻的反思和猛烈的抨击，把矛头指向了晚明空疏颓靡的阳明心学，除了黄宗羲等人肯定阳明心学的“破谜”“启寐”的作用之外，多数学者反对阳明心学，以为是明代学术的一大祸害，以致酿成明朝的灭亡。

清军入关，标志着以满洲贵族为主体的新王朝的建立。“天崩地解”的变化，加剧了伦理道德体系的动荡，导致了社会秩序的极大混乱。用何种理论指导清初伦理道德体系的重建，如何使社会秩序由动乱趋于稳定成为最迫切的问题。清政府选择了具有深厚理论性、系统性的程朱理学，这在清初社会秩序的重建和道德伦理真空的弥缝中起到了重要的指导作用。其间虽然有清初“汉学”（考据训诂）的一度繁荣，但理学正统地位一直未变。特别是康熙亲政后，对程朱理学大加褒扬，颁布了“圣谕十六条”来规范人们的日常行为。笃信朱熹学说的熊赐履为康熙日讲，让康熙接触到朱熹的学说，并逐渐尊崇朱熹。康熙把朱熹从孔庙东庑的先贤之位升到大成殿十哲之次，后又奉朱学为官方哲学，致使有清一代“非朱子之传义不敢言，非朱子之家礼不敢行”。康熙时期先后汇编《性理大全》《朱子全书》等，又利用科举取士来推行朱学。康熙还借实学思潮的兴起将朱学实化，批判“假道学”，鼓吹崇实的“真道学”，以达到增强社会凝聚力、维护统治、教化民众、治国安邦的目的。清初理学沿着自身的发展轨迹，克服自身弊端，再加上统治者的干预，由王学转向朱学。只不过，这个朱学是经康熙改造过的，为了适应清廷统治需要的朱学而已。

明末清初的学者在这个巨大变局中，往往必须面对人生的重大选择和忠、孝、仕、隐等课题，这就不仅只是书本上的知识讨论，更是现实中必须面对的实际问题。学者们所思考的新的学术出路，必然受到这许多学术内在理路与社会政治变迁的影响。这就是傅山所处的学术氛围与政治局势。在今日看来，中年抗清、晚年著述的这批学者，在当时以及后来的学术发展史上占有重要的一席之地。这批学者，既没有走上殉国的路，也没有屈辱仕清，而是具有特殊的遗民气节。他们或抗清，或拒仕，都展现出高洁的情操，其生命经历往往极为丰富。在学术思想方面，则以笃实的学问内涵，取代前朝空疏、疲弊的学风。他们对于政治制度以及学术风气都有一番深刻省思与检讨，共同展现了明体达用、崇实黜虚的学风。傅山的学说思想既有与当时学风紧紧相连的共同性，又有其个人卓越见解的独特性。梁启超把顾炎武、黄宗羲、王夫之、傅山、李赞、颜元并称为“清初六大师”，这只是从纯学术和思想界的影响而言，如果把傅山与其他几位的思想解放程度比较而言，傅山更具有个性，更为先进和突出。这首先就反映在他对理学的批判和超越上。

傅山提倡经世致用，反对守经误世，侈口空谈。为此，他用了大量笔墨批判了晚明理学学派那种所谓“穷理尽性”、高谈阔论，而不去实践的谬误。傅山深知正是受王学学者这种空谈迂腐的教条式学风影响，才导致明末社会风气腐败、政治统治没落，直至大明江山彻底崩溃。不仅如此，傅山还带着沉重的反清思想，以及与清廷不合作的态度，不仅批评空疏的王学，也批评包括朱学在内的整个宋明理学，认为应彻底摒弃宋明理学。他不同于方以智、顾炎武、颜元、潘平格等人反理学是要回归传统儒学，复兴经学。傅山却是一心向往诸子学，成为当时诸子研究的代表人物。傅山对程朱理学的批判是相当全面而独特的，也十分尖锐，正如王茂、余秉颐、蒋国保等人撰写的《清代哲学史》中说："傅山对儒学，尤其是对宋明新儒学的批判，之所以难能可贵，并不体现在其理论的深刻性上，而是体现在其立场的鲜明性上……这一鲜明的立场，使他对于宋明新儒学乃至整个儒学的批判，在一定程度上突破了改良儒学、完善儒学这一儒家自我批判的旧模式，而具有近代才正式出现的彻底批判儒学的某些含义。"

消解"理"的神圣性

傅山抓住宋明理学的要害之处，批判理学在哲学上的弊误，消解了"理"的神圣性。"理"是宋明理学的基本范畴，宋初五先生（周敦颐、邵雍、张载、程颢、程颐）之一的张载就说过："万物皆有理，若不知穷理，如梦过一生。"以"理"为基础建构哲学构架始于伊洛二程学说。程颢曾不无自豪地云："吾学虽有所授受，天理二字却是自家体贴出来。""天者理也"，在程颢学说中，理就是天，是具有头等重要地位的。朱熹也云："理也者，形而上之道也，生物之本也。"傅山与程朱相颉颃，对理学的批判从古代经典中"理"的命义演化和文字学对"理"的释义两方面说明它不是创造宇宙的绝对精神，而是事物的规律和法则，消解程朱理学中"理"的神性和绝对性，批评理学之"理"的理论谬误及其危害性。他通过对程朱的批判而上溯到对孔子以下儒者的批评，将孔子以后的儒家统称为"世儒"，又将"世儒"分为三类，像孟荀被称为"俗儒"、程朱被称为"陋儒"、死守程朱教条的被称为"奴儒"。其思想批判的重点在于"陋儒"与"奴儒"两类。而通过对

“陋儒”与“奴儒”的批判来确立一种独立人格，培养起历史个体的理性批判能力。

“理”的概念源于先秦，傅山对先秦典籍中的“理”进行全面的考察，解析其义，证明理学家对“理”的哲学解释不合古代经、史、子的本意，说明“理”并不具有形而上的性质。他说：“《书》为帝王治世之本，而不言‘理’字，惟《周官》则有‘燮理阴阳’一字。《诗》咏性情，而用‘理’字者，但‘乃疆乃理’之类，三四见，皆不作‘道理’之‘理’用，岂古人不知有此字耶？看《孟子》‘理义说心’用‘理’字处，傻生动，何尝口龈牙髓也？《礼记》则‘理’字多矣，亦不觉甚厌人。乃知说‘理’字亦顾其人何如耳。”又说：“《老子》八十一章绝无‘理’字，何也？妙哉！无‘理’字，所以为《道经》。即道亦强名之矣，况理乎！”

通过考察可以看出上起传说中的尧舜时代，下至东周，作为我国最早的政事史料汇编的儒家经典《尚书》中没有“理”的概念。同样被尊为儒家经典，我国最早的诗歌总集《诗经》中也没有理学之“理”的概念，“理”字最早发端是在《易传》。但后来的典籍中的“理”字也没有被用作理学之“理”，它们都是动词，很少作名词用，不同于宋明理学家把“理”都用作名词。即使在《易·系辞》“穷理尽性以至于命”中有“理”是作名词用，也与后世理学中的“理”含义不同。牟宗三在《周易哲学演讲录》中云：“‘穷理尽性’就是说，把这个理弄明白，就可以尽你的性，就可以充分了解你的性啦。‘尽’就是充分了解，或者充分体现的意思。……穷理就是穷道德法则。你能穷道德法则这个理，你就可以尽你的性。尽性就是通过仁来了解你的性，通过你的四端之心来了解你的性，这就是尽性，尽性就是充分了解。因为这个性的内容就是立道德法则，所以穷理能尽性。”可见，这里的“理”虽作名词用，但为“道德法则”之意，而宋明理学家的“理”之意在《易传》里是“太极”“天道”或“道”，如“是故，易有太极，是生两仪”“一阴一阳之谓道”。

另外，傅山从文字的训诂入手，揭示理的本义。傅山在《理字考》中云：“‘理’之一字，在先圣赞《易》初见之：‘君子黄中通理。’‘理’从‘里’；‘里’从‘田’从‘土’。皆属地者。坤卦，地道也，故言理。物之文理之缜密精微者，莫过于玉，故‘理’从‘玉’。玉，几于无理者也，言其细也。圣人于坤卦说理，而乾卦中无‘理’字。乾，天也，不可以‘理’字概也。韩非曰：‘理者，成物之文也。’解‘理’字最明切矣。‘乾知大始，坤作成物’，故乾不言理而坤言理。黄中，地之德也。《象》曰：‘黄裳元吉，文在中也。’有文而后见理，黄中以通之。”“理”由田与土构成，都属于地，是具体自然物。“理”的结构是“文理密察之理，犹之乎条理之理，从玉从理，义实蕴藉”。玉的纹理细密，是事物的纹理、条理。因此，“理”为物的“成物之文”，是事物自身所具有的自然文理、自然结构，而非造物主使然，不具备形而上学的意蕴。

在对“理”进行了充分的辨析之后，傅山认为：“理本从玉，而玉之精者无理学本义。”“宋儒好缠理字。理字本有义，好字而出自儒者之口，只觉其声容俱可笑也。如《中庸注》‘性即理也’，亦可笑，其辞大有漏，然其窃则自《易·系辞》‘穷理尽性以至于命’来，似不背圣人之旨，不背则不背其字耳。”理有其本义，道学家改其义而为其用，实违背圣人之旨。傅山的批判实起釜底抽薪之功，是非常有力的。傅山的这种以文献实证的方法来批评“理学”的方法，从根本上突破了理学家引古为重、托言立言的理论防线，对后来的清代乾嘉学者以考据学的方式拒斥理学思辨的学风产生了巨大的影响。

提出“气在理先”

程朱理学中把“理”作为哲学的最高范畴，是解释世界的立足点，同时也是出发点与归属点。理学家们认为“理”是第一性的，“理”是根本的、在先的，未有天地之先，就已经有理，有了此理便有天地，万一山河大地都塌陷了，但理还会存在。只要有理在，万事万物就能派生出，世界上的一切事物都是从理“这里出去”的，有“理”才有物、有事、有用。所以世界上的一切事物和现象都可以从“理”这里得到最为完满的准确的说明。由此出发，正如朱熹所云：“有是理，后生是气”“既有此理，便有此气；既有此气，便分阴阳，以此生许多物事”。

人性的善恶是中国古代思想家长期争论的问题，孟子讲性善，又认为受后天的影响会变恶，但没有解决恶从何来的问题。张载讲了天地之性和气质之性，二程也有这方面的论述。朱熹对张、程的评价很高：“张程之说立，则诸子之说泯矣”“有功于圣学”。他自己也加以发展，认为人的形成是“无极之真（理），二五之精（气），妙合而凝”，即“理与气合，故能成形”，理在人身上形成“天命之性”，气形成“气质之性”。因此，人性也就分为“天命之性”和“气质之性”。天命之性指人生来就具有的善的观念，即仁、义、礼、智等道德规范，因为天理先于天地万物，存于天地万物，也先天地存在于人心中都是善的。气质之性指人禀气所形成的性，由于气有清浊的不同，所以“气质之性”有善恶之分，但可以通过教育来改变。那么，由于有“天命之性”和“气质之性”，所以“人心”也分为“道心”与“人心”。与“天命之性”相应的是“道心”，指封建道德观念，它是“天理”形成的，所以是至善的；与“气质之性”相应的是“人心”，指对物质的欲望和生理要求，因气质之性有善有不善，所以人心也可善可不善。“道心”虽人人都有，可由于是理，难穷，因此“难明而易昧”，称“道心惟微”。“人心”如果摆在适当的位置尚可，但过分了，就能够导致不正当、不道德的行为，它“易私而难公”，称“人心惟危”。处理“道心”和“人心”的关系，即“道心惟微，人心惟危，惟精惟一，允执厥中”。这个关系也就是“天理”与“人欲”，即“天命之性”和“气质之性”的关系。朱熹说：“人之一心，天理存，则人欲亡；人欲胜，则天理灭。未有天理人欲夹杂者”“人只有个天理，人欲，此胜则彼退，彼胜则此退，无中立不进退之理”。

朱熹的观点完全建立在“理”的神性基础上，以及“理在气先”，而傅山要人们从理学崇“理”、颂“理”的精神祈向中跳出来，认为“理”也有善恶之分，如同性有善恶一样，而且“理”存在于看似无理的地方，在价值判断的层面上判断“理”的善恶。他说：“理之有善有恶，犹乎性之有善有恶，不得谓理全无恶也。即树木之理，根株枝节，而忽有纠拏杂糅之结，斤斧所不能施者，谓此中无理耶？”

傅山对理学的超越，从学理上说就是颠倒程朱“有是理，后生是气”的“理”逻辑在先说。他在一篇手稿中云：“老夫尝谓：气在理先，气蒸成者始有理，山川、人物、草木、鸟兽、虫鱼皆然。若云理在气先，但好听耳，实无着落。”傅山认为宇宙的本原是气不是理，客观世界都是气变化发展而来的。气的“蒸成”是有条理、纹理的，而后成山河大地、鸟兽虫鱼、草木人物等万事万物。傅山还吸收了韩非的“理者，或物之文也”的命题，说明有物始有理，理是事物本身的条理、规律，或结构规则。如果理在气先，理就没有“着落”了。换言之，理落实在气上，非理在气中，而是气在理先，这种先，实际上是指气的逻辑在先。

傅山的这种思想继承了古代哲学中气一论的观点，又改造吸收了老庄的“泰初有生于无”的理论。他认为：“阴阳交泰之初，何所有乎？有无而已。别无所有，然无而有者，无可得而名，确乎其有一。一只所起，有一而未形，不可闻，不可见。然万物之生者，皆由得此一以生，是之谓德。”在“泰初”或“太虚”的时期，不存在天地万物等各种具体形态的事物，只有一种混沌未分的统一状态，叫作“一”。“一”没有形象，听不到，看不见，但宇宙万物都是由此一而化生。傅山进一步追究“一”是什么？他说：“泰太异乎？不异也。天为一大，太为大一。一即天一生水之一。一，水也，气也。”“一”就是水，就是气，水和气是物，并不神秘，因此赋予了“气”宇宙万物的本原以唯物主义的解释。

傅山认为自然界有气，气是“惟恍惟惚”、或然或不然的物质，“气”是“无而有”者，它确实是物质性的存在，因而是“有”，但又不是万物的具体形态，因而是“无”，“气”是“有”和“无”的统一。由于气的凝聚，形成了万物。傅山的“气在理先”思想是一种朴素的唯物论思想，这颠覆了程朱理学把“理”看作万物最终根源的先气说的唯心思想，因此在某种意义上傅山在批判理学中超越了宋明理学。

第 7 章

“市井贱夫平治天下”的社会启蒙思想

傅山一生为布衣没有做官，但作为一个封建社会的知识分子一生都关心时政，始终都有兼济天下的抱负，希望终有一天能实现治国安邦的社会理想。从青年时反对权贵、反对阉党诬陷老师袁继咸，组织学生赴京请愿活动，到后来又长期秘密地反对清廷暴政，策划起义而牵连入狱，这些都与他积极进取的人生理想和社会理想有关。他总结明王朝覆灭的教训和反清斗争失败的经验，逐步认识到理学是禁锢社会发展的主要原因，举起反理学的旗帜，并把反清行为升华为反对专制主义、专制制度的思想高度。提出个性解放和自由、平等，主张由“市井贱夫平治天下”的社会启蒙思想。这在专制主义的封建社会中，无异于晴天霹雳，具有划时代的重要意义。

倡言反奴性、尊个性

傅山身处乱世却清醒地认识到，由于理学的禁锢、束缚、灌输和熏习，形成了一种奴性的痼疾，在明末清初特定的历史条件下更是迅速泛滥起来。这种奴性表现在政治上、社会生活中、学风和文风各个方面。“天地有腹疾，奴物生其中。神医须圣武，扫荡奏奇功。”傅山以天地喻国家、社会，奴性的痼疾生长在国家、社会中，既需要神医起死回生的妙手，亦要有武器来扫荡，双管齐下，才能奏效。他认为人应该有自立自尊的品格，把一切“奴俗齷齪意见”打扫干净，堂堂正正做人，光明磊落做事，理直气壮说话。侯外庐先生这样评价说：“傅山斥责奴性，而具有个性解放的思想。”虽然，倡言反奴性、尊个性的见解在明清之际不乏其人，但傅山则是明末清初启蒙思想家中最勇敢、最坚强的一员猛士和杰出代表。

如果说北宋理学将注疏之学转为义理之学，是推倒汉至唐五经文本为圣人之言的虚构，那么经元明两代统治者钦定以四书、五经为科举取士的内容，解释以程朱理学家注解为依据，理学成为士子们获取功名利禄的工具。理学的教条化也就丧失了其生命的智慧，士子们独立思考的主体精神被遮蔽，而“只在注脚中讨分晓。此之谓钻故纸，此之谓蠹鱼”。这种蛀书虫只能靠钻故纸堆生活，成为书的奴隶。傅山称此种人为奴人，或奴儒。傅山认为，奴儒的奴性是“死狗扶不上墙”。“若奴人，不曾究得人心空灵法界，单单靠定前人一半句注脚，说我是有本之学，正是咬齳人脚后跟底货，大是死狗扶不上墙也。”奴人的奴性，表现于自己的脑袋空空，拣了前人的半句注脚，就以为是有本之学。这样的人实在是自己没有脑袋、没有主心骨、没有出息和没有指望的人。傅山穷根溯源，直指理学的开山祖师程朱之流。他在《圣人为恶篇》中评价朱熹是“明于礼义而陋于知人心，中国之大儒如此而已，鄙儒乎哉”！他认为汉唐以后仙佛代不乏人，而儒者绝无圣人。原因何在？就是奴鄙之。理学的祖师爷程朱这样的“大儒”都如此，等而下之，何况后世的奴儒、奴书生呢！奴儒丧失了主体自我的意志和志向，甚至丧失了知觉，不仅是一具已无鲜活生命力的僵尸，而且是一具没有意志灵魂的死尸。丧失了生命力和灵魂，也就失去了其存在的价值。若如此，奴儒即使存在，也无异于行尸走肉。

傅山贬斥奴性，除奴儒外，还有腐奴、降奴。那些缺乏个性、因循守旧、目光短浅、拘于封建礼教迂腐酸臭的“腐奴”，一旦进入官场，必然是奴气十足，“文武递盆盎，仕宦等奴婢”。即使其中有知廉耻者也不过是“奴君子”。这样的人在品格上也只不过是随时企图奴役别人的“强者”和构陷别人的“小人”，其本质也只是奴气十足。明王朝的灭亡正是由于这些人治理国家，怎能不误国误民呢？面对满族人入主中原，傅山将那些丧失汉民族自尊自立品格、厚颜无耻归顺清朝的人一律贬斥为“降奴”。他以古喻今，指斥元代理学家赵汸“以宋儒之明白衣钵而为元胡涂用之……真令人齿冷”，痛骂三国时变节投降的傅士仁是“降奴”。他在《傅史》一文中借宋代的历史云：“当时中国不振，奸妖主和，使衣冠士夫屈膝丑虏，习以为常，碌碌庸奴无足言……可惜以学士名贤往往充此奴役。”在傅山看来“腐奴”“降奴”都是完全服从主人、听从主人的指挥，失去了起码的尊严和人格，而无一点独立尊严可言。一个社会、国家的士子们若如此，不仅是个人的悲哀、国家的悲哀，也是社会的堕落。

傅山赞颂历史上管仲、范蠡、张仪、诸葛亮等善于变通而建有大功的谋略之士，并把救亡图存的希望寄于这样的人身上。他在《杂记三》中云：“不拘甚事，只要不奴。奴了，随他机巧雕钻，为狗为鼠已耳。”在这里傅山所要求的基本的人的品格就是涤荡奴性、解放个性、发现主体自我、唤起主体精神的觉醒，成为一个富有开拓创新精神的人。顾炎武称赞傅山道：“萧然物外，自得天机，吾不如傅青主。”傅山完全摆脱了封建社会传统观念的奴性意识，在思想上具有时代觉醒的意识、社会启蒙的意识。

平等、自由的思想

傅山尊重个性，势必反对专制暴政，要求思想自由，人人平等。而这种思想则导源于傅山的布衣平民意识。在中国传统的政治文化中，“天下”是皇帝的私有财产。这是与中国古代高度集权专制的政治体制联系在一起的。在这种体制下，君主的权力被说成是神授的，皇帝就是政府，就是法律。皇帝在社会生活中发挥着支配一切、主宰一切的巨大威力，至高无上与专制独裁就是皇权主义的本质。在这一体制下，所有的人都是替皇家做事的，他们的命运与利益、生活与前途也都操纵在皇帝的手中，整个“天下”为皇帝及其家族所拥有，皇帝的家与国是同构的。因此，古代文献中常有国之本在家之类的话。皇帝与臣民的关系被说成是父子关系，皇帝具有君与父的双重身份，他以全国大众百姓的家长身份进行统治。在经济上，皇帝也视天下为一己之产业，土地、财富，乃至民众都为皇帝一家所私有。天下由皇帝一家来统治，这也就是所谓的“家天下”。在封建的中国，“家天下”不仅是皇帝，也是帝王以外的官僚士大夫、平民百姓的共识，并以定性化的方式延续了几千年。封建专制的“家天下”也就构成了封建专制主义的理论支柱和传统政治文化的本质所在，影响着政治体系中每一个社会角色的态度，并对他们的政治观念与价值判断起着强烈的制约作用。

傅山愈是到晚年，愈是强烈地不满封建皇权的专制，认识到皇权“家天下”的专制制度就是把君主的利益凌驾于一切之上，蔑视人的生存权利与价值，造成了社会的极端不平等。他的自由、平等思想首先反映在主张圣凡、君民的人格平等上。在封建专制社会中，古圣成训、当朝至尊像梦魇一样压抑着人们的心理，人们顶礼膜拜唯恐不及。傅山反对盲目尊崇君主，认为他们和普通人一样，不是超人或神。在《读经史·蛊上解》一文中他这样写道：“王侯皆真正崇高圣贤，不事乃为高尚。其余所谓王侯者，非王侯，而不事之，正平等耳，何高尚之有?”王侯有真与非真之别，真正的王侯，他们像圣贤那样崇高，与民平等，不用人侍奉。不是真正的王侯，不应侍奉他们，这是真正的平等。在傅山看来，平等是衡量一个王侯善恶的重要依据。在这里，傅山并不完全反对圣人王侯存在的必要性，但他坚持他们与民众关系的平等，不是民众事圣人而是圣人要为民。只有那些品德高尚、待人平等，不用他人侍奉自己的人，才是真正的圣贤。这样的圣贤才可以称之为“王侯”，才能使“百姓依护大人以为生，故爱大人”。否则，如果“大人不为民而自为，那就是‘草芥’‘寇仇’”。而现在的所谓“王侯”，并非是真正的王侯。他们待人不平等，“何高尚之有”?

傅山在这里所反对的正是因为传统政治文化而带来的奴性，而帝王为保住自己的江山最需要的就是忠心耿耿的奴才。君臣关系在封建社会里是一种主仆关系。傅山对李白不为权贵折腰的精神极为赞扬，说："李太白对皇帝如对常人，做官只如做秀才。"皇帝和常人没有什么两样，做了官和做秀才没有什么区别。傅山赞美的是有个性，知平等、自由的人，贬低依附他人的奴才。在傅山的理想社会中，平等原则是自由的前提，奴性这一畸形的政治社会心理，严重地束缚了人们的自由与平等，只有根除奴性的顽疾，社会才有前途。

傅山反对把忠君的心理归结为人性，认为如果忠君的心理是人性，那么做君主的无所事其忠，岂不是没有人性了吗？由此出发，傅山继承墨子"兼爱"说，提出"爱众"的观点，人与人平等就应互爱："我之于人，无彼此，皆爱。""使尽爱天下之义，苟可以利天下，断腕可也，死可也。"而且这种爱不是空谈，而是见之于实事："兴利之事，须实有功，不得徒以志为有利于人也。"傅山晚年以行医济世救人，"以医术活人"，"贵贱一视之"，正是他以实功以利于人信念的实践。傅山藐视圣人和君主的无上权威，不仅提高了人的尊严，还提出了君民平等的观念。这种观念对宋明以来理学家将"三纲五常"这套封建宗法制度和道德伦理观念理论化、系统化的说教，对尊尊卑卑、等级森严的封建社会来说无异于一声惊雷。它直接抨击了专制主义和专制制度，对专制制度下的君王提出了挑战。

傅山从以君民平等考察国家天下，进而发展到天下人人平等的思想。"后世之据崇高者，只知其名之既立，尊而可以常有。天下者，非一人之天下，天下之天下也。"在他看来天下不是君主一人的天下，是天下民众的天下。虽然《吕氏春秋》中就有"天下非一人之天下，天下之天下也"，但傅山并不是为旧的王朝灭亡、新的王朝建立找借口，而是说明据崇高之名的王侯，不是尊而可以常有的，必须为天下者才能为天下人所寄托，否则就是徒有崇高之名，“天地不相合矣”。结合他“始制有名，制即制度之制，谓制天下者，初立法制，则一切名从而起……而有天下者之名，于是始尊，圣人念斯名，非本初所有也”的论述，可见傅山反对理学家们论证的“三纲五常”是天经地义永恒不变的，历史上的各种制度并不是“本初”从古就有的，而是统治者制定的。傅山这种平等意识，所针对的正是严格的封建等级制度，是对长期形成的“官本位”“权力本位”思想的有力冲击，也是对不平等的君主专制制度的批判。

傅山还提倡男女自由平等。程颐曾言：“饿死事小，失节事大。”封建礼教认为寡妇改嫁是一种“失节”行为，主张宁可饿死，亦不改嫁。李贽嘲笑不许寡妇改嫁的腐儒是“不成人”，“大不成人”！傅山进一步发挥李贽的观点，亦指出：“饿死事小，失节事大，如此真有饿不杀底一个养法。”认为这完全是一种不切实际的做法。对于汉代卓文君与司马相如的故事，传统的礼教认为卓文君与司马相如结婚，完全没有遵守父母之命和媒妁之言，是不道德的。而傅山坚决肯定了这种美好的自由婚姻。他在一首乐府诗《方心》中描写道：北京有一酒家女名叫方姬，太原人张生相而美之，请聘而定终身。由于方姬是一位矜持的女子，与张生往来期间心里高兴但由于怕别人笑话，表面上却装着黯然不开心的样子，逐渐产生了误会。张生以为方姬不爱他，就不经常来，方姬害病，日夜盼望张生来看她，终没盼到，病死后第三日张生方至。傅山十分赞赏方姬追求爱情、婚姻自由的精神。赞曰：方姬“一恨爷娘拗，不许女随情；二恨爷娘穷，无钱买妾命”。“郎若真有情，妾甘红尾生；郎若真相弃，妾作黛柱厉。”表示她死后仍愿“黄泉有酒妾当垆，还当郎来作相如，妾得自由好奔汝”。向往到了阴间要像卓文君与司马相如那样，两人为争得婚姻自由私奔，开一家小酒店，像卓文君一样亲自当垆。傅山通过方姬婚姻的不幸控诉了现实社会男女婚姻不自由平等，表现了他主张爱情自由、男女平等的思想情感。

提出“市井贱夫平治天下”的社会理想

在平等、自由的基础上，傅山进一步提出理想的社会就是民治，即市井贱夫是“最有理者”，足以平治天下。傅山响亮地说出“市井贱夫最有理”“市井贱夫平治天下”的观点，是城市市民争取政治权力意识的反映，具有反封建专制主义的进步意义，这在当时是惊世骇俗的。

所谓“市井贱夫”，当然是指平民，特别是指商人。在中国传统思想中由于受先秦法家“重农抑商”思想和政策的影响，商人的社会地位一直不高。如《管子》一书最早将社会的庶民阶层划分为四种职业等级，即士、农、工、商。士居四民之首，商居四民之末。商利成了“末利”，经商成了小人之事。商业活动备受轻视，官僚士大夫经商更是自惭形秽。因此，国家的主体天经地义的是士大夫阶层。他们代表着君主进行着层层的统治，而从事经济活动的商贾贩夫自然就被列为九流之末。在中国社会里，从经济政策上来说，抑商一直是主流。在汉代商人被称为“贱商”，法律明文规定商人不得骑马，不得穿锦绣、绸纱，甚至于饮食、屋舍、婚姻、丧葬等皆有一系列规制，不许商人僭越。隋唐以后随着科举制度的实行，“万般皆下品，唯有读书高”，士人对于经商更是视为不齿。士之子恒为士，商之子恒为商。如南宋诗人陆游在《家训》中就告诫子孙，只能在士、农二业中谋生，或做私塾先生，或种菜均可，但绝不可流为市井商贩。陆游的观点代表着士人对经商的态度。虽然明代以后随着商业和城市的发展，士商关系发生了很大的变化，商人的地位有所提高，但四民之末的地位没有根本的改变。

在中国古代，尊贵者往往是最有道理的，因为他们有权有势；卑贱者常常是没有道理的，因为他们社会地位低下。因此，“士”是最受人尊敬，是最有理者，而市井商贾则最受人歧视，被视为“市井贱夫”，是最无理者。但傅山一反传统，提出了国家的主体是天下百姓、“市井贱夫最有理者”的命题，来为提高工商业者的地位呐喊。这一命题无疑是市民阶层对自身价值的觉醒的宣言书，也是作为具有启蒙思想的学者对传统政治文化的挑战书。历来被统治者视为“小人”的“市井贱夫”恰恰是社会中“最有理者”。在《圣人为恶篇》中，傅山自设宾主论证说：

> 曰：市井贱夫无理者也，足以治天下耶？
>
> 曰：市井贱夫，最有理者也，何得无理之！
>
> 曰：彼为利而已，安所得理？
>
> 曰：贩布者，不言缯糟于布之理也；贩金者，不言玉精于金之理也。缯者、玉者如之，焉得不谓之理！
>
> 曰：理，天理也。吾穷理而意必诚，心必正。彼知天理乎？意亦诚乎？心亦正乎？
>
> 曰：适吴、越者，不肯枉于燕、齐，心奚翅正？期锱者，不折阅于铢，意奚翅诚？凡金、玉、布、缯，物无贵贱，生之造之，莫非天也。天生之，天

也；人为之，人所共天也。所共天而精之，不翅精于记诵糟粕之鄙夫也。记诵糟粕之夫，之于其中所涟谈天者，犹谚之所谓浑沦吞枣也。其于糟粕臭腐，犹谚所谓咬冻矢而甘之，油滋易不出也。

在这里，傅山所指的“理”，已不是程朱理学的“天理”，而是“成物之文”，是指规律、条理、纹理之意。其中包含两层意思：一是傅山认为，“理不足以胜理，无理胜理，故理不足以平天下，而无理始足以平天下”。此处所说的“无理”，即是一种打破现实不合理秩序的政治革命与社会革命行为。从君臣、上下不可逾越的旧的理来看，这种革命的行为是“无理”的，但这种相对于旧的不合理秩序而言是“无理”的行为，恰恰是最有理的。因为这种“无理”是以天下百姓的要求为根本旨归，通过暴力的行动摧毁旧的不合理秩序之理，重建新的以民众福利为旨归的秩序。傅山生活在明末清初，目睹明末的政治腐败、官场龌龊，以及李自成所领导的农民起义军在推翻明王朝中所起的重大作用。特别是在反清斗争中，与农民起义军联合共同反对清王朝的民族压迫，看到了广大人民群众起来斗争的合理性。二是傅山站在重视经济发展对社会的作用的立场上，对商贾的商业活动加以肯定。

明清之际，在长江和黄河流域，封建社会母体中已经孕育出资本主义生产的萌芽，从农业与手工业结合的自然经济中已经分化出独立的手工业作坊和以工商业为主体的城市，商品经济相当发展。傅山所处的山西在明清之际商业活动也非常活跃，在全国也有很大的影响。因此，所谓的“理”是指商业活动的道理。傅山认为商人知道互通有无的渠道，懂得商品流通、制造之理，懂得布比丝织品要差的道理，也知道金子较玉石精细的道理。傅山认为这种“理”比只知背诵章句之学的理学信徒们所讲的“意诚心正”的“天理”要高明得多。傅山冲破“士”是“四民”之首的传统偏见，提高“市井贱夫”的社会地位，这就肯定了商人在经济生活中的作用，理论上提高了他们的社会地位。这也说明了传统的农本商末的价值观，已在向农商皆本的近代价值观推移，预示着新的社会结构和社会关系的重大变革将要到来。

傅山尊民众的理念既有继承，又有超越。虽然先秦时期就有“民之所欲，天必从之”“天视自我民视，天听自我民听”的民本思想，特别是孟子倡导过“民为贵，社稷次之，君为轻”的观点。但是，千年来这种进步意识被皇权主义和政治化的儒家纲常论所排斥和遮蔽，而经傅山的思考和发掘，进一步高扬其以民为本的精华，便成为明清进步思想界的最强音和时代号角。这是傅山较其他同时代思想家高出一筹的地方，具有近代思想启蒙的意义。

第8章

首创子学研究之风

子学，又称诸子学，或称诸子百家之学。因春秋战国时期的诸多思想流派，其代表人物被尊称为“子”而得名。先秦子学时代是我国古代社会机体被迫剧烈瓦解，以及随之而来的重建的关键时期。这个时期出现了中国历史上少有的“圣王不作，诸侯放恣，处士横议”的大乱时代，代之而起的乃是群雄争霸的多元政治文化格局。在这一既定的原有体系已经陷入了彻底的坍塌，而新兴的官方学术主流尚未完全被确立的时候，产生了众声喧哗的话语思潮，以及多中心状态，也即形成了百家争鸣的局面。在这样的历史契机之下，由于占据主导地位之意识形态统领的缺乏，使得各家各派学说都能够有机会纷纷登场，竞相提出自己的救世纲领和政治主张，以获取官方统治者的认可，从而力图占据官方意识形态话语言说的中心地位。先秦百家争鸣虽各有见解，但目的和中心话题都是一样的，即如何去实现治国平天下的理想。

但是随着天下一统社会的建立，为了加强中央集权，以及思想文化的统一，于是就有了汉武帝接受董仲舒建议，实施

“罢黜百家，独尊儒术”的政策，禁止其他思想的传播，使儒家思想逐渐成为我国封建社会的正统思想。其间虽有对子学的研究，但一直没有在思想界占主要的地位。即使是在社会比较动荡、思想比较宽松的历史时期，如魏晋时期，子书曾迎来一个小的高潮，但依然不占有主导地位。以《隋书·经籍志》为例，其卷三子部、儒家类共著录通计亡书六十七部，可以认定为魏晋时人所作三十七部，占半数以上。然而，魏晋子书散佚严重，上述三十七部书，《隋志》著录为亡书的达二十五部，占三分之二之多，现存或全或残的魏晋子书约十二类一百五十三部，其中相对完整的子书只有如葛洪《抱朴子》、张华《博物志》等不足十部。另外，相当一部分子书作者史书无传，事迹不清，甚至少量子书书名作者混乱，研读很是不便。

反对“独尊儒学”，主张“经子平等”

傅山研究子学是因为通过通读，对诸子所提出的思想观点，治国平天下的政治主张，以及对自然、社会、人生的思考都非常服膺。他在《读管子》中云“吾以管子、庄子、列子、楞严、唯识、毗婆诸论，约略参同，益知所谓儒者之不济事也”。他摘录了刘勰《文心雕龙·诸子篇》中的一段：“诸子者，入道见志之书。太上立德，其次立言。百姓之群居，苦纷杂而莫显；君子之处世，疾名德之不章。唯英才特达，则炳曜垂文，腾其姓氏，悬诸日月焉。……夫自六国以前，去圣未远，故能越世高谈，自开户牖。两汉以后，体势浸弱，虽明乎坦途，而类多依采。此远近之渐变。”评论道：“心鸷气坚，眼偏手辣似无忌惮，而非无忌惮，以其言，济其事，不华不腐，不周不漏，中古之风也。难难。”指出刘勰客观地回溯汉以后诸子学的命运的同时，肯定刘勰之说“似无忌惮，而非无忌惮”，比较公允地反映了对诸子的评价。在“独尊儒术”的学术氛围中，刘勰能这么评论是需要相当勇气和胆识的。傅山说“子书不无奇鸷可喜，但五六种以上，径欲重复明志、见道、取节而已”。提出诸子“奇鸷”，“奇”即特异、稀罕，“鸷”意猛，“奇鸷”指不拘一格，研读诸子可“明志、见道、取节”，提高人们的心志及道德修养。这在当时是独具慧眼的。

傅山否定儒学独尊，认为“独尊儒学”，扬经贬子只是统治者为政治的需要，以及儒家所为，并不是学术史的真实情况。而真实的情况是孔子、老子、韩非子、墨子、孟子、荀子等地位都是平等的。当时也没有称孔孟为“孔经”“孟经”，他们的观点也只是一家之言。他说：“经子之争亦为矣。只因儒者如六经之名，遂以为子不如经之尊，习见之鄙可见。”后来作为儒家经典的《诗》《书》《礼》在当时墨子、庄子、荀子、韩非子都有引用。如墨子在《尚同中》云：“当此之时，本无有敢纷天子之教者。《诗》曰：‘我马维骆，六辔沃若。载驰载驱，周爰咨度。’又曰：‘我马维骐，六辔若丝。载驰载驱，周爰咨谋。’即此语也。古者国君诸侯之闻见善与不善也，皆驰驱以告天子，是以赏当贤，罚当暴，不杀不辜，不失有罪，则此尚同之功也。”墨子引用的是《诗经·小雅·黄黄者华》，引此证明古代的国君诸侯“无有敢纷天子之教者”，“闻见善与不善”都上告天子，向天子请示关于政事的意见，从而达到“赏当贤，罚当暴，不杀不辜，不失有罪”。这就是“尚同”的功用。傅山认为后人应当对诸子相同看待，“经子平等”。

傅山还从文字学、音韵学的角度来证明“经子平等”，力图从本源上来阐明经、子关系是“有子而后有经”。他说，即以字求之，“经”本“巠”字，“一”即“天”，“巛”则“川”。《说文》阐释如下：

> “巠”，水脉也。而加“工”焉，又分“二”为天地，“丨”以贯之。“子”则“一”“了”而已，古“子”字作“㜽”。“巠”“子”皆从“巛”者，何也？“巛”即“川”者，水也。巛则无不流行之理。训诂者以“㜽”上之“巛”为发形，亦浅矣。人，水也，“子”之从“巛”者，正谓得巛之一，而为人也。与“巠”之从“巛”者同文。

通过对经、子两字的字形和字义的分析，傅山得出“经”字中的“巛”即“川”，水之义也；古代“子”中也有“巛”，也是水之义。两者皆同源于水，从根本上说经子没有高低之分，所以经学和子学是平等的。

傅山的这一观点在当时对理学的冲击是非常猛烈的，这是因为虽然在他之前有李贽抨击理学，从而研究子学，与傅山同时代的方以智、王夫之都有子学著作，但他们中的多数人在形式上还每每受着儒学“正统”偏见的束缚。只有傅山提出“有子而后有作经者”，把“经”还原为诸子百家中的一家，打破经学、理学“千古之道统”的独尊地位，大大提高了诸子学的地位。这在当时尊经风盛行、视研究诸子学为异端的康熙年间无疑是奇诡之说。康熙二十三年皇帝曾在上谕说：“朕批阅载籍，研究义理凡厥指归，务期于正。诸子百家，泛滥奇诡，有乖经术。今搜访藏善本，惟以经学史乘，实有关系修齐治平助成德化者，方为有用。其他异稗说，该不准录。”可见，皇帝对研究诸子学的打击态度是十分严厉的，这时傅山才刚刚去世。

子学研究直到乾嘉时期，在考证学的推动下，才逐渐兴盛起来，诸子学有了回归学术主流的契机。到了道光、咸丰以后，随着西学东渐的影响和晚清社会危机的出现，儒学受到广泛的批判，在思想一统世界瓦解中诸子学迎来了复兴。梁启超在《中国近三百年学术史》中专门论述到子学的兴起和发展，他认为：清代学者为了了解子书的内容，厘清历代的曲解，故先校勘，随后才能对一家学说全部真相加以说明，或提出批评，也就是对义理的阐释。因此“诸子学是从汉学家门庭中孳衍出来的”。他在《清代学术概论》中说：“清儒之有功于史学者，更一端焉，则校勘也。……其功尤巨者，则所校多属先秦诸子，因此引起研究诸子学之兴味。盖自汉武罢黜百家以后，直至清之中叶，诸子学可谓全废。若荀若墨，以得罪孟子之故，凡莫敢齿及。及考证学兴，引据惟古是尚，学者始思及六经以外，尚有如许可珍之籍。故王念孙《读书杂志》，已推勘及于诸子。其后俞樾亦著《诸子平议》，与《群经平议》并列。而汪、戴、卢、孙、毕诸贤，乃遍取古籍而校之。夫校其文必寻其义，寻其义则新理解出矣。”考证学的兴起，子书被引为经学考证之助，如此一来，“颇间接影响近年思想之变化”，“思想脱变之枢机，有捩于彼而关于此者”。在训诂渐明，义理既通之后，诸子的义理价值被重新评估。所以，诸子学的研究大抵被认为是辅助经学考证与阐明义理的作用。甚至有论者认为，此学术的演进，始于研究诸子以阐释经书，而终于以诸子取代经书。

由此看来，清中叶的学者们研究诸子，其目的远没有傅山鲜明。他研究子学是站在与儒家经学平等的立场，直指诸子学本身的义理，以达到与儒学分庭抗礼，以及淡化儒学和诸子学的界限的目的。这在当时的学者中很鲜见，具有开创意义。因为在当时学术界，子学仍受歧视排斥，尤其是墨学，当时多数学者仍坚守孟子对墨子“兼爱无父”的批评，视其为异端。而傅山的态度十分鲜明，认为：“先有子而后有作经者。”提出要在子学的经典作品上甘于寂寞地苦读研究，深入挖掘总结，并大力弘扬子学中的思想精华，提出“复古为解放”的古为今用的观点。侯外庐先生在《中国思想通史》中对清初子学研究总结时，高度评价了傅山对子学研究的首创之功。他说：“在三百年前，援儒入释者有之，外儒内释者有之，但对于二氏之学与杨墨异端，都认为与儒家相反，斥之辟之不遗余力，没有人敢于公然研究，自命为异端，以干犯儒林传统的攻击。清初大儒也有吸收释道方法论者如王夫之，有兼赞墨学者如顾炎武，但他们都摆脱不开正统思想的形式。唯独傅山不然，他大胆地提出了百家之学，对于六经与诸子无可轩轾地加以阐发和注释，首开近代子学研究的蹊径，这不能不说是 17 世纪中国思想界的一支异军。”这个评价表明傅山冲破了宋明以来重理学的羁绊，开拓了新的学术研究领域，成为清之后研治诸子的开山鼻祖。

从文字训诂到义理阐述

清嵇曾筠撰《傅山传》说他“该博古今典籍，百家诸子，靡不淹贯”。虽然傅山是位道士，自称“老夫学老、庄者也”，“我本蒙庄徒”，但他对其他诸子都作了认真的研究，取得了显著的成绩。《霜红龛集》自卷三十二《读子一·老子十三章解》

开始至卷三十五的《读子四·墨子》，所涉及的子学著作有《老子》《庄子》《淮南子》《亢仓子》《鬼谷子》《尹文子》《邓析子》《公孙龙子》《鹖冠子》《管子》《墨子》。这说明傅山子学研究所涉及的面是十分广泛的。傅山研究的方法是从文字训诂，进而将注意力放在义理的讨论上，以坚实的校勘训诂知识为基础，透彻地研究诸子，并理性地批判诸子。

首先，通过训释校勘，对诸子进行注释。先秦诸子由于长期被斥为“异端”，所以研究者甚少，加上时间久远，因而有些著作已经很难读通、读懂，如《公孙龙子》《墨子》等。但傅山花了很多时间啃下了这些“骨头”。侯外庐指出：傅山“特别是对《墨经》和《公孙龙子》的注释，初步读通了最难索解的原文，开后世汪中、毕沅等训诂《墨经》的先河”。傅山有较扎实的文字学、音韵学和金石学的功底，因此他的文字训释不是从书本到书本，不仅仅参考《尔雅》《说文》，而是充分发挥自己学识广博、融会贯通的长处。

傅山在注释时最多的是对前人未加注释，或前人已注释但含混不清，特别是有的误解误注的词语参考多部古代字书、韵书加以训释。如《淮南子·修务训》中有“啳脥哆噅”句，傅山做札记云：“啳脥哆噅，注音权葵夸皆丑貌。《广韵》作‘矔脥丑貌，从卷，从藿者可互用，其声故从女之婘嬳同声，皆曰美貌也。’‘哆’《说文》典可切玉篇，昌纪尺码二切。《玉篇》《广韵》皆垂貌。此字声有七、八声，而此音夸。‘噅’字《玉篇》《广韵》皆不正也，而音同。”

有的时候傅山对在一篇文章中多次出现的某一词语，将其集中起来注释其不同的含意。如在对《荀子·荣辱篇》中的“陶诞突盗”词进行训注时，将《荀子·疆国篇》中的“汗漫突盗”结合起来注释曰：“山谓上之人之突盗，即钻利孔以朘民耳。”再如在《荀子》中的《仲尼篇》《王制篇》《富国篇》《王霸篇》《君道篇》《议兵篇》《正论篇》《君子篇》都有“綦”，但意思却不相同，傅山归纳出“期”“穷极”“基”“极”四种解释。

傅山在训注时有时还以方言中保存的古词、古音、古义来印证解释古籍中的词汇。如在训注《淮南子·本经》中的“滔窕”一词这样说道：“滔窕文曰小而行大则滔窕，而不亲注不满，密也。傅山曰‘今忻州乡语谓宽大有余皆超滔，亦此滔窕之义’。”再如《淮南子·齐俗训》中对“跐踦”训注：“跐偶也，踦适也，跐音此。傅山曰‘《说文》踦一足也，《广雅》胫也，《广韵》脚跛也，《方言》梁楚之间物体不具者谓之踦。鲁语踦跂毕行跰蹇也’。”

傅山训释文字还能不局限于文字，而在义理上阐发开去，如在训释《老子·绝圣弃智节》中“文”字解就非常独特。他说：“世间底事好看在文，坏事在文，及至坏事了收拾又在文，不可以偏辞恶也。文也人，而乂者也乂，即五字也，五之纵乂横㐅皆谓之五。曰十数中之一，从一至□皆不交，唯至于五。乂谓东西之气皆交于中也，十又五之重者也。乂邪十，十正乂。以十加四则成米，八方备矣。四正四隅皆交于中，如轮如转，中之交处不可举，而名之曰一也，二也矣。所谓中宫八加中九矣，并不见十之名，故十藏于五，而九以运之。一、三、五、七、九天数之中五，二、四、六、八、十地数之中六，天五地六合成十一，五脏之数皆以中之土脏运之交也。河洛之图书变化百出不穷，皆中于五五土也，土十一也。”可见，傅山对“文”的解释参透到了哲理的层面，用“五”与“文”在字形上的共同点来阐释“文”的内涵，显得深刻而有说服力。

傅山对于文字训释态度极其认真，也很实事求是，在列出各种说法，实在无法得出满意的结论时也不回避。如《淮南子·俶真训》中“物岂可谓无大扬攉乎”一句，其中注“攉”音为“镐”，“扬攉，无虑，大数名也”。傅山认为这句的句法似用《庄子·徐无鬼》中“则可不谓有大扬攉乎”，在《庄子》中篇末有小字注：“扬举也，攉引也。举而引之陈其趣也。”郭璞注曰：“攉而扬之，有大限也。”《吕氏春秋》注曰：“扶其实也，循本扬者举扬也。攉者反覆手也，当举扬对答以手反覆指陈也。”傅山认为这种说法可以参考，但有四个字的含义，与此不相照顾。高诱注：“大数名也。”但傅山却认为郭璞注“其取了大数名之义而云大限也，然以扬攉古今之语考之，似举扬核实之义为长，而与本文之义不合。淮南之文曰‘若藏天下于天下，则无所遁其形矣。物岂可谓无大扬攉乎’，庄子之文曰‘其间之也不可有崖，而不可无崖，颉滑有实，古今不代，而不可以亏，则可不谓有大扬攉乎’”。以上各家所注都不准确，所以傅山“皆提抚不定，不胜翻腾其解也”。

其次，阐发诸子义理，取其精华引申发挥。文字的训释只是为义理贯通作准备。在义理的贯通上，傅山在尊重原文意思的前提下，努力发掘其中的思想光辉。在先秦诸子中傅山首推《老子》《庄子》。他曾自述：“《老》《庄》二书，是我生平得力所在。”“若醒得一言半句，便有受用，可由之入道。”这是因为“读过《逍遥游》之人，自然是以大鹏自勉”，“一切世间荣华富贵，那能看到眼里”。因此，“奴俗龌龊意见，不知不觉打扫干净，莫说看今人不上眼，即看古人，上得眼者有几个”？原来，在傅山眼里，《老子》和《庄子》是反对“奴儒”

最好的思想武器。读了《老子》《庄子》，就会有勇气，有主见，敢说话，敢创新，否则就会像“矮人观场，人好亦好，瞎子随笑所笑”。因此，他说：“三日不读《老子》，便觉舌本软。”傅山一生喜欢《老子》《庄子》，对它们多次进行过批点、注释，并在此基础上写出了《老子解》《庄子解》等著作和大量的读书杂记。如他对老子思想中的一个重要观点“无为而无不为”的论题就有很精到的阐述。

《老子》十三章中的“贵大患若身。……何谓贵大患若身？吾所以有大患者，为吾有身，及吾无身，吾有何患？故贵以身为天下，若可寄天下；爱以身为天下，若可托天下”，千百年来注者很多，但后面几句却颇多歧义。傅山以老子“无为而无不为”思想为宗旨，认为：人之所以有大患，是因为有身体，如果没有身体，那还有什么患呢！圣人不得已为天下所贵，很多时候明知不可为而不得不为之，就如神一样，这是天意。因此圣人不应不自重自己的身体，“贵身”就是无为，只有爱惜自己的人才能尊重他人，爱惜自己的身体才能以身寄托于天下。傅山将“无为而无不为”视为一种规律，视自贵、自重，以达自立、志存于天下的有识之见，改变了以往对老子这一章的误解。

在《墨子》思想中坚持“兼相爱”和“交相利”的结合，虽然《墨子》受到儒家“何必言利”的批评，但傅山是在尊重墨子“兼爱”本意的情况下作了自己的解释的。他在《〈墨子·大取篇〉释》中云：“推其爱人之实，爱众与爱寡相若；若但能爱寡而不能爱众，不可谓爱也。”由此可见，傅山对墨子的“兼爱”的解释中甚至还包含着博爱的思想。墨子的“兼相爱”“交相利”是墨家思想的重要特征，反映了当时小生产者的良好愿望，因此对墨子言“大人之爱小人也，薄于小人之爱大人也；其利小人也，厚于小人之利大人也”。傅山以实事求是的精神加以肯定，云：“大人，有德有位者，治人者也；小人，百姓也，治于人者也。百姓依护大人以为生，故爱大人也。然此就大人能为人依护者而言，其常也；若草芥寇雠，则后世之大人矣，小人焉能爱之。”

名实之辨是先秦逻辑学的重要问题之一，傅山对此作过深入的研究。因此，《墨子·大取篇》中有关名实之辨的内容傅山也努力加以发掘。傅山在训释中云：“圣人所为人，于名实之间，欲名之有实也。若但曰‘名实’，徒有其名而不必诚是其实，则白败是石也。‘白败’不知为何物，当时或有此名。可见当时诸子多持坚白石之论，故此及之，以辨名实。若但以白为石，如物之坏而败者，如白醭、白黴皆可谓之石矣。即以‘大’言之，如‘大马’非‘大牛’也，若去实而不分辨之，但曰‘大’，如何是‘大’也?”可见，傅山所持的观点是辨别名实，名依于实。不仅如此，他还通过训释《大取篇》中“居运”一段文字，进一步发挥自己的名实观：“居齐曰‘齐人’，而去之荆，则不得谓‘齐人’矣之类也；即如山之非邺、室之非庙，实在斯名在。”“实在斯名在”是与儒家的“正名”完全相反的，具有朴素的唯物主义观点。

公孙龙是战国末期赵国人，在现存的《公孙龙子》一书中，收有后人摘录其言行的《迹符》篇，文章开首处讲道：“公孙龙，六国时辩士也，疾名实之散乱，因资材之所长，为‘守白’之论，假物取譬，以‘守白’辩，谓白马为非马也。”可见，公孙龙因厌恶名实散乱而倡“白马非马”论。但矛盾的是既然公孙龙是为了解除名实散乱之弊才提出“白马非马”

的，而众所周知“白马非马”是一个与常识截然相悖的命题，人们在此不禁会产生这样的疑惑，既为审实正名，又怎么会提出这样一个与现实相矛盾的命题呢？此命题的提出不仅在当时引起轩然大波，而且在其后的几千年里，人们对之争论不休，可谓众说纷纭、莫衷一是，有的甚至将“白马非马”当作一个诡辩的实例来对待，认为是无用之言。

傅山在《公孙龙子·白马篇》中曰：“似无用之言，吾不欲徒以言之辩奇之，其中有寄旨焉。”认为这是公孙龙着意探索思维逻辑的经验教训，所以既非纯属“无用之言”，也非为“辩寄”。他在此书中又说：“马者，无去取于色，故黄、黑皆所以应。白马者，有去取于色，黄、黑马皆所以色去，故唯白马独可以应耳。无去者，非有去也，故曰：‘白马非马’。”这一段注曰：“黄黑之无去，非白马之有去也。有去之白马，非无去之黄黑马也。‘无去’二句，字义须连上文‘无去取于色’两句看之，于‘去’字下添一‘取’字，无去取者，非有去取者也。无去取是浑指马言，有去取是偏指白马言。”傅山这里说的“浑指”就是“无去取”，也就是共名或一般的名，是事物共有的，马就属于“浑指”一类。而“偏指”就是“有去取”，也就是别名或个别的名，是指事物个别的特征，白马、黄马、黑马等个别有特征的马就属于“偏指”。傅山认为马和白马之间的关系就是“浑指”与“偏指”的关系，也是事物共性与个性的关系。它们之间既有区别又有联系，而不是如公孙龙“白马非马”说，只有区别没有联系。接着他又说：“单，物之单名也；兼，复名也。喻晓也。谓单名复名不可相避者，则虽共同其名，若单名谓之马，万马同名，复名谓之白马，亦然。虽共，不害于分别也。其意以为公孙龙‘白马非马’之说，如马可共谓之马，白马不可共谓之马矣。以其但马而不白之，则既害于白之异，亦害于马之同也。而马，马也。白马，仍马也。原可共之，而不必相避者，通称之曰马，何害也。”在这里，傅山认为马、白马都是马，只是马这一概念是同一类事物的统称，是“单名”，白马是小于马的一个类概念，是“复名”。而白马之中还可以分出比白马更小的类概念，比如大小、公母的区别。因此，“若所谓白马，不死执其色之白者，而忘之尚有马在也。今所言白马，皆执着于白定为白马，定所白者，定以白为所也”。公孙龙犯的错误正是一味“死执”和“执着”于白，绝对地肯定是白马，就失之于一端了。最后他说：“若以此义作求，才绎之大有会通。白、黄、黑皆马，皆可乘，故识马者去其白而可已，其义病在一‘白’字，必于不黄不白，而马之道狭矣。”公孙龙的错误就在于“白”字，将马的共性和个性绝对地区别开来，没有想到它们之间是有联系的，共性存在于个性之中，白马也是马。不过，傅山认为虽然“白马非马”的命题是错误的，但可以启示人们对日常事务不要仅限于白马是马的一面，还要多问几个为什么，从另一个方向思考“白马非马”的问题。傅山在“白马非马”论题解决之后，认为自己是公正阐述了公孙龙思想的第一人，因此他说：“呵呵！千百年下公孙龙乃遇我浊翁，翁命属水，盖不清之水也，老龙得此一泓浊水，而鲵桓之，老龙乐矣。”

实事求是理性批判

虽然傅山研究子学有将诸子作为反对儒家独尊的武器意

识，但没有盲目的“执拗”和“泥私”，而是站在公正的立场上，通过逐字逐句的训释与思想内容的贯通，具体细致的分析，把握各家的思想特色，取其精华，弃其糟粕。他说：

> 一双空灵的眼睛，不惟不许今人瞒过，并不许古人瞒过。看古人行事，有全是底，有全非底，有先是后非底，有先非后是底，有似是而非，似非而是底，至十百是中之一非，十百非中之一是，了然于前。我取其是而去其非，其中更有执拗之君子，恶其人，即其人之是，亦硬指为非；喜承顺之君子，爱其人，即其人之非，亦私泥为是，千变万状，不胜辨别。但使我之心不受私蔽，光明洞达，随时随事，触著便了。

从这段话可以看出，傅山研究子学是要在纷繁复杂的历史记录和资料中，放出高超洞达的眼光，采取理性态度，坚持独立思考，进行具体细致的分析，识别真伪，分清是非，实事求是地进行批判。

傅山在《荀子》批注中说他不止一遍看过《荀子》一书。对《荀子》的爱好，令他即便在湿热的夏季里仍认真研读。荀子的学术是在继承前期儒家学说的基础上，又吸收了诸子百家的长处加以综合、改造，建立起自己的思想体系。傅山充分肯定了荀子集百家之众自成一家的特点，在该书的后记中云：“《荀子》三十二章不全儒家者言。而习称为儒者，不细读其书也。有儒之一端焉，是其辞之复而啴者也。但其精挚处，则即与儒远，而近于法家，近于刑名家。非墨而又近于墨家者言。”历来多把荀子看作儒家学者，但他与所谓的正统——孟子一派有很大的不同。孟子言性善，荀子言性恶；孟子重义轻利，荀子重义而不轻利；孟子专法先王，荀子兼法后王；孟子专尚王道，荀子兼尚霸道。从此亦可看出荀子思想的复杂性。荀子在思想上一直都是坚持“道统”为先的，在《非十二子》中对当时士的批评即可显见。荀子云：“今之所谓士仕者，污漫者也，贼乱者也，恣睢者也，贪利者也，触抵者也，无礼义者而唯权势之嗜者也。”这不仅说明了荀子的“道统”观念，也印证了当时“势”与“道”的紧张关系。但荀子的“道”又有些变化。他论礼义是从“性恶”的角度，认为礼义不是由内而外的修养推衍而出，而是作为一种外在的必须有的束缚来整顿秩序的。“人生而有欲，欲而不得，则不能无求，求而无度量分界，则不能不争，争则乱，乱则穷，先王恶起乱业，故制礼义以分之。”从这一角度来看，荀子的“礼”近于“法”。

傅山在充分肯定荀子性恶论的同时，指出荀子并不是说得那么肯定与清楚。他说：“虽再非孟子‘性善’之论，不过笼统说了一句，却善静修不放箸忌惮，临了又暗用其‘人皆可以为尧舜’义。想其初立言时，要竖一义与孟子争衡以自见，是文章家呵佛骂祖之见解，卒又怕终见不得佛祖，而以可以为善之义申重之，此无他，学不圆而胆小耳。”在这里，傅山指出了荀子性恶论在理论上的不彻底性，并分析道：“此是法家者言之流，而才庸笔冗。其所以不敢放纵，由于有不敢得罪周孔之意夹带于中，要做个圣人之徒耳。”傅山发这通感慨不仅针对荀子，也是针对与他同时代的一些批判理学的思想家而言的。那些表面上看是在批判理学，但由于思想上的不彻底，缺乏斗争的勇气，既不敢得罪祖师爷，又怕被人视为异端，因此其文章只能是模棱两可，甚至于自相矛盾。傅山研究子学之所以取得了当时人，以及后人在某些方面都难以超越的成就，正是因为他敢为人先，不怕得罪孔孟，不怕被人说是异端之说。

傅山是子学研究的一位先行者，虽然由于他的很多著述散失，现在所能见到的只是只言片语，但还是影响了明末至清，以至于近现代诸子学研究者。侯外庐认为："如果说顾炎武考证音韵学是后来王国维的老师，则我们有理由说傅山的子学研究是后来章炳麟的先行者。"这一看法是非常中肯而有道理的。

第 9 章

“学海”的治学之道

郭铉在《傅山传》中云：傅山“博极群书，时称学海”，清嵇曾筠撰《傅山传》也说他“该博古今典籍，百家诸子，靡不淹贯，大叩大鸣，小叩小鸣”。傅山终生持久地读书学习，成为一位学富五车、经史子贯通的著名学者，不愧为时人“学海”之称谓。顾炎武说：“青主读书四五十年”，即使到晚年也是“每日樵于山中，置书担上，休担则取之读之”。傅山的治学之道，可以从他的实践和用以教人学习的各方面去探求。

先“专精”后“博综”

古今治学，大致可分两类，一是精读，一是博览。“专”与“博”其实是相互依存、互为作用的。成就事业者，往往“专”中显“博”，“博”中有“专”，但是先“专”还是先“博”，各人却不一样。傅山认为应先“专”，然后才“博”。他说：“读书不可贪多，只于一种里钻研穷究，打得破时，便处处皆融。此与战阵、参禅，总是一样。若能如此，无不可用。若但乱取，东西齐撞，殊不中用。不惟不得力，且累笔性。此不是不教读书之说，是戒读而不精者之语。知此，则许言博也。”在《霜红龛集》中傅山多次强调读书学习不能贪多，而要求精、求专、求深。他说学习时，特别是刚开始学一门知识时，一定要对所学的东西深钻细研，以求达到“专精”之顶点——“打得破”，如能达到此种境界，然后便可以与你所学的其他知识相融，左右逢源，为最终达到广采博综、融会贯通奠定基础。相反，如果读书学习一开始就贪多贪广，不分主次，“乱取，东西齐撞”，必将导致头脑混乱，学无所获。这样的学习方法无所获、无所用。傅山的方法是一种“专精”然后触类旁通的方法。

傅山提倡“专精”首先是要精通一书，这样才能为“博综”打好基础。他在《家训》中叫子孙们熟读《左传》，以此作为“一安身立命之所，作人、养性、学文，都向此中求之”。傅山的通过一书打好学习基础，为以后“博综”创造条件的方法是非常独特的。传统的学习方法都是主张要先广博后专精。如《中庸》里就有一句话：“博学之，审问之，慎思之，笃行之。”明白地告诉人们，博学是应优先的。

一本书精读是基础的基础，还要精读数本书。傅山回忆道：“记吾当二十上下时，读文选，京都诸赋，先辨字，再点读，三试上口，则略能成诵矣。戊辰会卷出，子由先生为我点定五十三篇。吾与西席马生较记性，日能多少。马生亦自负高资，穷日之力，四五篇耳。吾栉沐毕诵起，至早饭成唤食，则五十三篇上口，不爽一字。马生惊异，叹服如神。自后凡书，无论古今，皆不经吾一目。然如此能记时，亦不过五六年耳。出三十则减五六，四十则减去九分，随看随忘，如隔世事矣。”

傅山一生无时无地不读书，多种传记说他“博极群书”。在这里，他很客观地叙述了青年时代超人的记忆力，但他并不倚仗“天资”，而是强调要勤奋，这为他后来在学术上取得成就，打下了扎实的基础。他在《训子侄》中云：“除经书外，《史记》《汉书》《战国策》《左传》《国语》《管子》、骚赋皆须细读，其余任其性之所喜者，略之而已。”把古代的所谓经、史、子、集的几部主要的书籍都加以“细读”，傅山认为这样就达到精专了。在晚年回忆起一生读书的经历时，“自恨以彼资性，不曾闭门十年读经史，致使著述之志不能畅快”，深感遗憾。

历史上苏东坡治学有一句非常著名的话，那就是他在《稼说》一文中提出的“博观而约取，厚积而薄发”。苏轼强调“博”和“厚”，就是说读书要广博而善于取其精要，要有丰富的积累而谨慎地运用知识。傅山也认为在打好了读书“专精”的基础之后，如果要想成为富有创见的读书人，就应该“博综”。他说：“得少为足，于问学则小器。”若仅以“得少”为满足，只能做小学问，而不能成大器。他本人也是“至三十四、五，始务博综”，广泛涉猎各类学问，从而在博的基础上实现更高层次的“专”和“约”，达到治学的更高境界，学问之最终归宿。他说：“归，谓有所归宿，不至无着落，即博而约。”这“着落”指的是“有实着落受用处”，这种最后归宿的“受用处”，比初学时的“受用处”高一层次，“约”正是这个层次上的具有“受用处”的“专”。

当然，“博综”还要博采众长。傅山认为首先要向老师学习，“尊师是恩，亦防是患。人以其著，自明所及；著所著者，遂受其隅。破隅而往，有大导师”。通过从师就学，学师之长，可以“破隅”，纠正主观偏见，从而达到“防”己短之“患”。

任何学问必须经过老师的指导，加上自己的主动学习，才可获得真知。其次，向有学问的人学习。学有专攻，每个人都有所长，有所短，因此学习不能孤陋寡闻、固守一隅，而应取长补短、广采众长。他说："凡见彼长，由我见短；即见彼短，亦非我长。"也就是说，凡是别人在见识和学识上有所长，都是因为自己在学识上有所短；即使别人在学识上有短处，也不等于自己有长处。因此，每个人都应虚心求教于他人，以期取长补短才能日臻完美。"初我所见，都无是处，于长不长，于短不短，短中之长，长中之短。悉知悉见，而无知见；乃知向导，毕意是恩。"就是对于一个人来说，开始肯定是一张白纸，知识贫乏，到一定的时候某些方面会比较突出，好像是长处，但不见得真是长处；而不如别人的地方好像是短处，但也不见得真是短处，因为后来是会改变的。如果自认为全知全见，其实是无知无见的表现。再就是要向大众学习。"市井贱夫最有理"，他们懂得互通有无的渠道，懂得商品流通、制造之理，懂得生活之道，懂得在实践中增长知识和才干。傅山提倡"博综"的目的就是要多渠道、宽领域广泛吸纳众家之长的学习法。他用比喻法来阐述这一方法，他说："千门万户，合一建章。浑游建章，门户皆是。如众盲人，揣一象王。吹筒鼓瓮，各执所臆。然亦不离象王之身。"用现在的话来说就是条条大路通罗马，各种各样的求学途径都可到达知识的宫殿，广博而全面的真知正是由一点一滴的局部认知所构成的，犹如盲人摸象，虽然每位盲人摸到的只是象身的局部，但是他们所言的特征又都是真实可靠的，确实是象的组成部分。所以，学习知识就要广开门路、广采博学，取众家之长。

“好学而无常家”

“好学而无常家”，就是不仅要读万卷书，还要行万里路。傅山的“好学而无常家”之语出自《汉书·霍去病传》。传中写道：霍去病一生四次领兵出击匈奴，均大获全胜而回，歼灭匈奴十一万多人，降服匈奴四万余众，开河西、酒泉之地，消除了匈奴对汉王朝的威胁。他作战勇猛，是一位军事天才，汉武帝曾劝他学习孙武兵法，他回答说：“为将须随时运谋，何必定拘古法呢？”汉武帝为奖励他的军功给他建造了豪华的宅第，他却说：“匈奴不灭，无以家为也。”傅山在《好学而无常家赋》《无家赋》等篇章中都提到霍去病。他在《无家赋》序中道：“某尝读汉将军《霍去病传》，以未灭塞外匈奴耻为家，曰：嗟哉，天乎！斯何时也？桑弧蓬矢，我非男子也哉？顾孱弱不振，痛哭流涕之不遑，尚安能汲汲室家也者？”

“桑弧蓬矢”出自《礼记·射义》，其云：“故男子生，桑弧蓬矢六，以射天地四方，天地四方者，男子之所有事也。”意思就是古代男子出生，射人用桑木做的弓，蓬草做的箭，射天地四方，表示有远大志向的意思。傅山引用这个成语和霍去病的故事就是要说明男子应以天下事为事，应在危难之时以天下为家也。傅山甲申之年后自称无家，侨居在太原东山脚下的松庄就是为了赴国难。

由此，傅山将“无家”引申到做学问中来，认为做学问应该到实践中去，反对关门闭户读死书，主张“学无常家”，奔走四方，在实践中学习。为此，他特意对传统的“好学而无常家”作了新的解释：“昔人云：好学而无常家。家似谓专家之家，如儒林、毛诗、孟易之类。我不作此解，家即是家室之家。好学人哪得死坐屋底？胸怀既因怀居卑劣，闻见遂不宽博。故能读书人，亦当如行脚阇黎，瓶钵团杖，寻山问水，既坚筋骨，亦畅心眼。若再遇师友，亲之取之，大胜塞居不潇洒也。”传统学者主张博取众长，不主一家。而傅山则是打破常规，认为“好学而无常家”的“家”是指家屋，如果学习“死坐屋底”，就容易导致闻见不宽，胸怀不广。走出书斋，像云游的僧侣一样，广走四方，寻山问水，深入体察自然之规律，广泛接触人文社会，在实践中学习就可以获得从书本中学不到的真知，同时还可以达到锻炼身体“坚筋骨”，陶冶情操“畅心眼”之目的。

傅山在六十八岁时游泰山，年方十五岁的孙子莲甦随游，使他想起自己当年的生活，于是信笔写下：“我十五岁时，家塾严书程。眼界局小院，焉得出门庭。”诗中表现出对孙子小小年纪就有机会走出自家小院外出远游，接触社会和自然的无比羡慕之情。在另一首《登岱岳谒圣林》的诗中说，他在“老病岱岳览”时，带着十五岁的孙辈莲甦同往。此行的目的，一方面表示对先师之学的推崇，一方面期望后辈能沿着先师“吾十有五，而志于学”的道路前进。诗文中说：“小书不屑读，小文焉足营。凌云顾八荒，浩气琅天声。”“先师小天下，亦天此焉登。登此不自振，虚俯齐鲁青。”他教诲孙辈要学习先师登崇峻岳中，放眼天下的意境，他的感触是“登此要自振”“浩然琅天声”的。在谒圣林时他同样感触甚深地云：“瞻言圣域近，汶水龙奔腾。循循归洙泗，春融曲阜城。”他在这里的感受是“春融曲阜城”“行歌泗水春”，同时他又言“抚心领师灵”。“春”即对未来充满希望的美好的愿景，这就是“师灵”，这就是未来。

从流传下来的傅山诗中可以看出，他的一生足迹踏遍大半个中国，山西境内除了经常去的老家忻州和挚友戴廷栻家所在的祁县之外，他还到过平定、寿阳、盂县、曲沃、静乐、代州、汾阳、中阳、离石、介休、沁州、武乡、绛州、临汾、平陆等几乎山西全境。顾炎武在《寄问傅处士土堂山中》云：“向平尝读《易》，亦复爱名山。早跨青牛出，昏骑白鹿还。”傅山对山有着特殊的感情，他的众多名号里有许多带山字，如“傅侨山”“侨黄山”“真山”“侨侨山”等。他曾居住在青羊山，在那里自己动手铲除山间的野草，在青天绿树之间开凿出一间石头垒成的小房子，取名为“青羊庵”。在《青羊庵三首》中，其一写道：“芟苍凿翠一庵经，不为瞿昙作客星。既是为山平不得，我来添尔一峰青。”这首诗以豪气冲天、壮志凌云的气概写就了他矢志不渝、独领风骚的一生。在侨居松庄期间，除了山西境内以及周边地区，他还先后游历了五岳中的泰山、华山、恒山。在众多写山的诗作中选一首就可窥见山给予傅山的启示。“岂非物外人，经纶为谁瘁。细雨杏花下，今古得小憩。物皆有自然，颜色谁点缀。山河气概间，转更增妩媚。游凫溯前渠，春绿艳于醉。诱心如孩提，酣然冀一睡。”这首诗作于顺治十七年二三月间，诗中“物皆有自然”“转更增妩媚”说明自然、社会的发展是有其自身的规律，不以人的意志为转移的，人只有尊重自然规律。

清代著名学者王士禛《池北偶谈》记载：傅山父子“常粥药四方，儿子共挽一车，暮抵逆旅，辄篝灯课读经史骚选诸书，诘旦成诵，乃行”。特别是甲申以后，傅山为抗清多方联络，几乎“十年无家”，他的许多著作都是在颠沛流离的旅途中写就的。傅山反对读书人不出家门闭门造车，在他看来“家”对于学者来讲犹如“牢”，他说：“宀下之豕何异于宀下之牛？”又说：“俗骂龌龊不出气人曰‘窝囊’。窝，言其不离窝，无四方远大之志也。”告诫天下读书人切勿死守家室，永不离“窝”，而应怀“四方远大之志”，在读万卷书的同时，要行千里路，学会在实践中摄取更新、更有用的知识。实践，不仅能给人以真知，而且能检验已学书本知识的真伪和实现所学知识的使用价值。他在《好学而无常家赋》中道：“不沾沾于故纸，仍非罔于思维，山经若地与图，信足迹以搏扶。”孔子曰：“学而不思则罔。”是说学习而不思考，就会被知识的表象所蒙蔽是十分正确的。但傅山认为仅此为止是不够的，还应学用结合，他说：“聪明知识，用不用间。”即是否聪明，有无知识，评判的标准就是“用”，在用中补充和发展那些已有的知识，推动社会的前进。因此，学习必须走出书屋，步入社会、自然，开拓视野，增长见识，获取真知并付诸实践，才是真知识。

独立思考，自出新意

傅山一生都批判奴性，高扬个性。明清以来，国力日趋衰微，政治日渐腐败，傅山认为这与儒学奴性教育有着一定的关系。因此傅山坚持气节，反复批判奴性，在他看来，人不管做什么事情，都要保持独立人格和独创精神，万不可奴气十足，一旦“奴”了，便会丧失独立人格和创新精神。

在青羊庵傅山教导儿子傅眉读书时曾写过一首《看书》诗，让儿子品味，诗云：“还是读书好，关门目也尊。无尘到银海，有美共唐园。药饵村居省，秋心对雨言。鹑褴容易痒，不学猛奴扪。”诗中用了“扪虱而言”的典故，傅眉当然明白父亲的用意。在《晋书·王猛传》中记载：东晋永和十年(354)，桓温北伐，击败了前秦苻健以后，驻军灞上（今陕西西安东），关中父老争相携酒犒劳，男女夹路聚观。隐居华阴山的王猛也身穿麻布短衣，前往大营求见。在大庭广众面前，王猛一边在自己身上摸虱子，一边还挤眉弄眼地与桓温谈论天下大事，露出其奴颜之相。王猛不了解桓温，见他是想显露才华，出山干一番事业的，希望桓温能赏识他。桓温问他：“我奉天子之命，率十万精兵讨伐逆贼，为百姓除害，可是关中豪杰却无人前来效劳，这是为什么?”王猛答道：“阁下不远千里深入寇境，长安已近在咫尺，却不渡过灞水，大家都摸不透阁下的心思，所以无人前来。”一句话触到了桓温的心病，一时竟无言以对。他的心思实际上是，自己平定了关中，只得个虚名，而地盘却归于朝廷，与其消耗实力，为他人嫁衣，还不如拥兵自重，为自己将来夺取朝廷大权保存力量。不久，桓温决定退兵。临行前，他向王猛赠送了华贵的车马，又授予高官，邀请王猛一起南下，却被王猛拒绝了。王猛的确是一位有真本事的人。他考察桓温和分析东晋的形势之后，认为桓温不忠于朝廷，怀有篡权野心，未必能够成功，自己投奔到桓温的手下，很难有所作为。第二年前秦的苻健去世，继位的是中国历史上有名的暴君苻生。他昏庸残暴，杀人如麻。苻健的侄儿苻坚想除掉这个暴君，于是广招贤才，以壮大自己的实力。他听说王猛不错，就派当时的尚书吕婆楼去请王猛出山。苻坚与王猛一见如故，他们谈论天下大事，双方意见不谋而合。于是王猛留在苻坚的身边，积极为他出谋划策。傅山是借历史人物和历史故事，告诉自己的儿子，读书人即使很有才华，也绝不可成为奴人，更不可专行奴事而得到高官厚禄。

这种思想反映在治学上就是反对读死书。傅山在《十六字格言》中云："看书洒脱一番，长进一番，若只在注脚中讨分晓，此之谓钻故纸，此之谓蠹鱼。""单单靠定前人一半句注脚，说我是有本之学，正是咬䶩人脚后跟底货，大是死狗扶不上墙也。"这是针对当时所谓的儒者专从《朱熹集注》中讨学问而发出的痛斥。傅山反对"摹拟""抄袭"和"一意雕琢"，提倡"依傍不依傍"。所谓"依傍"，即主张继承前人的正确东西；所谓"不依傍"，即修正、补充和发展古人的东西。这是一个辩证法命题。"依傍不依傍"命题，实际上是一种推陈出新的开拓创新精神。

因此，傅山在《学解》一文中，发挥了荀子《非十二子》的批判精神，认为："荀（子）以此非思（子思）、孟（孟轲）则不可，而后世之奴儒实中其非也。"后世奴儒"非"在何处呢？"非"在"觉以见而觉，而世儒之学无见，无见之学，则瞽者之登泰山，泛东海，非不闻高深也，闻其高深，则人高之深之也。"傅山的"见"，有亲身经历的含义，但更重要的是指自己独立的见解和独创的思想。学而有见才有觉悟，才有自觉；学而无见，就是"沉没于学"，被死的书本知识或老师传授的知识所淹没，不能入乎其中，出乎其外，最多不过是仿效、模拟、因循，毫无创建。所以独立思考，有独创的见解是治学中高的境界。正如傅山所云："一扫书袋陋，大刀阔斧裁。号令自我发，文章自我开。"

傅山的创新具体说有两层含义：一是由于"唯于理有未穷，故其知有不尽。不知其知有果能尽时乎？圣人有所不知，则穷理之能事，非鄙儒小拘者所能颟顸欺人也。”理无穷尽，知有不尽，“圣人”尚且不能全部学完，更何况一般的读书人。既然如此，那么仅靠已经掌握的知识为满足是不够的，必须不断学习，不断创新，以新知识取代旧知识，从而获取更多的有用知识。二是由于“读书如观化，今昨无所住，转眼为陈入，寸心谁当遇”，“昨日新，前日陈；昨日陈，今日新；此时新，转眼陈”。新与陈、今与古，如川流不息，转眼即变。今非古之今，新非旧之新；昨日之新非前日之陈，今日之新非昨日之新。所以在学习时应遵循认知的辩证规律，不断更新学习内容，不断创造新的思想和观点。学习作文也要有创新观念，不可一味沿袭照搬。他在教两孙莲甦、莲宝《十六字格言》后说：“文若为古人作印板尚得谓之文耶？此中机变不可胜道，最难与俗士言。”写文章要有自己的风格，不能照搬古人的固定模式，否则就是“为古人作印板”，不能称作好文章。不仅学写诗文要创新，傅山的医学理论同样反对墨守成规，主张在实践中总结经验，提出新的观点。他曾说：“读三年方书，天下无可治之病；治三年病后，天下又无可读之方。此古人经历实在之言。”傅山还指出，看病不能死搬方书，要根据具体情况灵活掌握：“医犹兵也，古兵法阵图无一不当究，亦无不当变，用运之妙，在乎一心。妙于兵者，即妙于医也。”学医好像学兵法，故古代兵法阵图值得研究，但都应当结合所用而进行变革创新，能运用自如的奥秘关键在于学习时发挥人脑的主观能动性，学医与学兵法的道理是一样的。

第 10 章

“不同流俗”的文艺之论

傅山生活的时代跨明清两朝。他既亲临腐朽没落、风雨飘摇、危机四伏的明末统治，又历经明室沦亡，清兵入关，满人统治的清王朝。作为一个有思想、有志气、有宏愿的传统文人，一方面，他痛感明末政治的腐败，面对内忧外患束手无策，以空谈心性、仁义道德，迂腐的理学愚弄黔首；另一方面他深恶痛绝清朝的异族统治，不甘屈于做亡国奴，成为御用文人，他勇于抵抗，坚持民族气节，表现了高尚的爱国主义情操。于是他纵情艺术，冲破儒家中庸哲学和以理节情的美学观，以丹青抱精神，将自己受压抑的崇高品格、气节、宏愿融入诗文书画的创作。他虽然没有留下大部头的、系统的文艺理论著作，却有《失笑辞》《书〈文赋〉后》《杜遇余论》《诗训》《文训》《字训》《作字示儿孙》《题自临兰亭后》《论王献明书法》《论画之迟速与性情》《题宋元名人绘迹》《高手作画》等专篇文章，以及大量的序跋。在现存的五篇《杂记》中也有许多处谈论到诗文书画，发表了不仅给时人，甚至于今人都耳目一新的精彩见解。

关注现实生活，反对复古、模拟

经历了以清代明的社会变动，清初出现了两大文艺思潮：一是经世致用的现实主义思潮，一是复古模拟思潮。亡国的遭遇让许多学者以文化救亡为己任，探寻明朝灭亡的教训。因而明代后期空谈心性、不谙时务的空疏学风就成为清初学者批判的对象，继而以经世致用为特征的文艺观就在清初学者中盛行，成为影响深远的艺术思潮。另外，由于对宋明理学的批判，长久以来被学者乃至世人所奉的思想权威消失，于是学者们在古人那里找到了寄托，形成复古、崇古的风尚。

傅山不同于一般的文人，他虽受到以上两种思潮的影响，但又不完全被左右，而有自己对文艺的独特见解。他作为一个具有民族气节、关心人民疾苦的有良知的知识分子，他的文艺观首先就是主张文艺应该关注社会现实和人生疾苦，真实地反映时代的呼声。由此，他在诗歌的创作实践上主张关注民生疾苦"呻吟实由瘼"，在为文上亦强调"经世致用"为现实生活服务。在宋明理学占统治地位的时代，文学艺术深深地渗透着理学的道德说教和传统的窠臼，不但贫乏无味，而且格套规矩化，圆熟而缺乏新意。对于这一时代的悲哀，傅山评论说："凡所称理学者，多不知诗文为何事何物，妄自谓我圣贤之徒，岂可无几首诗几篇文字为后学师范？""以故长风下耳，动辄数十卷，只得教人叫奈何耳。此事俑于宋而至今遂大盛。"傅山指出，即使是唐宋大家，也难免此病，"韩、柳、欧、苏，文章妙矣，然终觉闲话多；王、唐、瞿、薛，文章妙矣，然只觉唯有格套而已"。他批判"腐儒"们的经术文章："经术蔽腐儒，文章难救时。”更对科举考试的八股文痛加抨击：“仔细想来便此技到绝顶要他何用？文事武备暗暗底吃了他没影子的亏，要将此事算接孔孟之脉，真恶心杀，真恶心杀！”他的文艺作品反映了时代的特色、社会的风貌，在认识价值和审美价值上都有不容置疑的地位。他继承了我国先秦诸子与汉唐以来的现实主义传统，特别是发扬了明代李贽、袁宏道等人反复古、反模拟的文艺思想。傅山在艺术思想上的革旧与创新是与晚明反拟古、反传统的进步文艺运动分不开的。

早于傅山生活时代的近百年前，明代文坛上兴起以李梦阳为代表的“前七子”和以李攀龙、王世贞为代表的“后七子”的拟古之文。他们声称“文必秦汉，诗必盛唐”，主张形式上模拟，不敢越雷池一步。拟古主义统治文坛前后长达数十年之久，直到16世纪下半叶至17世纪初，以袁宏道为代表的“公安派”的倡导才形成一场反拟古的文艺运动。他们反对蹈袭拟古，主张抒发性灵，提倡文章不拘格套，“只要发人所不能发，句法、字法、调法一一从自己胸中滚出”即为新奇之美文。傅山正是在反拟古主义文学运动方兴未艾时诞生成长的，他自幼受袁宏道、刘侗、王思任、张岱等著名文学家的熏陶，对徐渭离经叛道的文艺作品尤为热爱，他的作品的艺术风格就是在这些反拟古主义作家作品的影响下形成的。

傅山倡导文艺要与现实紧密结合，不要被所谓的“法度”束缚住，不要去拟古，坚决反对复古主义。他说：“字与文不同者，一笔不似古人即不成字，文若为古人作印板，尚得谓之文耶？”他在《杂文·失笑辞一》中将文学比作天空中根据时间的不同不断变化的云彩：

且道此云为邱、索、坟、典之云耶？抑先秦、两汉之云耶？盖太虚无印版，丰隆有才情，时非先秦、两汉矣。云实无异于先秦、两汉，时非典、坟、邱、索矣。云不全乖邱、索、坟、典。氤氲变化。无古无今，无模拟之天使，图彩本于皇神，何物主理也？何物主气也？何物熠应也？何物法度也？

意思是，当今之云难道是云神用印板按伏羲、神农、黄帝、少昊、颛顼、高辛、尧、舜时的云印制的吗，或者是按先秦、两汉时代的云印制的吗，还是什么天使从皇神那里的“秘藏彩本”模拟出来的吗？显然，都不是的。当今之云是由于气或光混合动荡而形成的。那么当今的文艺为什么要模拟古人，难道不模拟古人的印板就不成其为文了吗？文艺的发展是由现实的事件所引发，通过作者的才情去创作的，模拟只能是掉入故纸堆，最后僵死，永远得不到发展。傅山这样描述复古主义造成的恶果：“乃有拘士，掉磬故纸，拟之而为言，有本以为期，是亦穷雕镂之工，亦烂组织之斐。有识者视之，如以金玉锦绣厚瑁璲枯胔，盖徒敦笃其已能，而不知其文之夭死也……此无他，以其心手之气近尸气者多也。”复古主义者一味地在故纸堆里讨生活，而脱离现实，脱离日新月异的社会的发展变化，只能是在形式上下功夫，但再怎么雕镂也只是在没有生命的枯骨上披件华丽的外衣，是“夭死”之文。他还在《费眼打油示少年》诗中这样挖苦道：“费眼又费心，读书本无乐。蓼虫不觉苦，业自几时作。以兹为名地，惟恐不宏博。穿窬复掩藏，不中冷眼噱。怜此袭取劳，其意亦不恶。无奈所与者，黠觉多轻薄。不能驴耳见，掘地小吆喝。若是老伽文，抄点覆藏橐。……妻子见握卷，公然推坯璞。奴婢见作文，‘主人好才学’。不如不识字，天全其五凿。”惟妙惟肖地把抄袭、剽窃古书的人比作小偷一样，写出的文章也只能骗骗妻子和奴婢。

傅山认为杜甫关注现实生活，并尤为倾倒，认为不关心人生痛痒的诗文就算不上好的作品。“文章负荷难”，就是说文学艺术应负起爱国救民的责任，“文章生于气节”就是要有骨气，不畏强暴，不图名利，坚持自己的追求，作品的好坏以是否有利于国家和民族为衡量标准。傅山对于文艺要关注现实有着鲜明的时代要求，他和黄宗羲、顾炎武、王夫之一样，迫切要求文人增强现实意识和社会责任感，放弃个人的意气之争，从门户宗派家法的计较中解脱出来，注目乱世，多多关心河岳之气，写出艰危时代的波涛之文。他在《偶借法字翻杜句答补岩》之二写道：“风有方圆否？水因抟击高。偏才遇乱世，喷口成波涛。按著盛唐觅，突洒奴目逃。不论河岳气，私各光焰豪。文人不相下，直不真文曹。”这种容涵人寰、忧国忧民、胸怀博大的创作使命感显示出明末清初一代文人力图建功立业的宏大开阔气象。

情挚气盛，重骨气

傅山在主张文艺要关注现实生活，反对复古、模拟的同时，还研究了文艺创作的自身规律。

傅山首先主张自然成文。他说：“《三百篇》之诗，句多则必转韵。魏、晋以上亦然。宋、齐以下，韵学渐兴，人文趋巧，于是有强用一韵到底者，终不及古人之变化自然也……诗主性情，不贵奇巧。唐以下人有强用一韵中字几尽者，有用险韵者，有次韵者，皆是立意以此见巧，便非诗之正格……此皆诗之变格，然亦莫非出于自然，非有意为之也。”他认为作诗对于音韵的讲究不能牵强，而以自然为主，不能因音而害义。傅山讲究自然，一方面是反对模仿，另一方面认为文艺应因情而发，有感而发，这样才能创作出“登峰造极”的作品。

其次，傅山认为文艺是客观现实生活的反映，同时也是人的主观精神活动的直接产物。从人的主观精神活动来说，包括性、情、才、气几方面，是“性命之音”，是真情的流露，而情挚气盛，才是好作品。傅山的许多诗都是真情的流露。如明朝灭亡之后，他闻讯写下“哭国书难著，依亲命苟逃”的悲痛诗句。当比他小二十二岁的唯一的儿子傅眉死后，他在痛定思痛之余以长歌当哭，一字一泪地写出《哭忠》《哭孝》《哭才》《哭志》《哭干力》《哭文章》《哭赋》《哭诗》《哭书》《哭字》《哭画》等这组哀诗。还有不少诗是借题发挥，指桑骂槐，因而“动触忌讳”。他写作时常常情从心中来，泪如泉涌。他说：“文者，情之动也；情者，文者机也。文乃性情之华，情动中而发与外。是故情深而文精，气盛而化神，情挚而气盈，气取盛而才见奇。”

傅山不仅倾倒于杜甫时刻关注民生疾苦，更倾慕杜诗的气象为他人所不及，“杜诗不可测之才人，振古一老，亦不得，但以诗读，其中气化精微，极文士心手之妙，常目在之”。当孙子莲甦向他请教杜诗“气象”是怎样体现的，傅山用一问一答的方式说：

“风云雷电，林薄晦冥，惊骇腷臆。”

莲甦问：“文章家有此气象否？”

余曰：“《史记》中寻之时有也。至于杜工部五言、七言古中，正自多尔。”

眉曰：“五言排律中尤多。”

余领之。

正是以上的原因，傅山认为韩愈的诗不如杜甫诗，“韩文公五言，极力锻炼，诵之易见其意。杜先生五言，全不事锻炼，放手写去，粗朴萧散，极令人不着意处，而却难尽见其义，然予人神解不在子句中。此处正是才之所关，文公必不能也”。杜甫被历代文人称为“诗圣”，后世对他的评价极高，如元稹所说“诗人以来未有如子美者”，傅山非常赞同。或许是由于傅山与杜甫有着类似的遭遇、相同的志节，所以感同身受，体会得也更深切些。杜甫经历了唐朝由盛转衰的开元、天宝之年，以及唐朝走下坡路的时期。他一生不得志，漂泊无着，最后贫穷而饿死，却有“每饭不忘君”的忧国忧民之心和“致君尧舜上”的志向。傅山生活在明朝末期，经历了李自成的农民起义，崇祯皇帝自缢身亡，清朝取代明朝。他满脑子还是大明的江山，这和杜甫一样，两人都忠君爱国。他和杜甫都是一生布衣，因此在他们的作品中没有宫廷的应制，没有官场的唱和，没有个人升沉的怀念，纵然是流连山水也是触物增悲、对景溅泪。

因此，傅山继承和发扬了杜甫古直、悲壮、豪迈的风格，不喜柔媚的“女郎”语。他说：“插花竞云鬓，美艳终女郎。曹家无靡语，何尝少辉光。”“六朝人物景宗豪，竟病诗惊瘦沈腰。口角若无曹植气，笔端怎似吕虔刀。”他赞扬：“晋中前辈书法，皆以骨气胜，故动近鲁公，然多不传。太原习此伎者，独吾家代代不绝。”“重骨气”是他鉴赏和创作文艺作品的重要因素。他在《作字示儿孙》诗中写道：“作字先作人，人奇字自古。纲常叛周孔，笔墨不可补。诚悬有至论，笔力不专主。一臂加五指，乾卦六爻睹。谁为用九者，心与孥是取。永真逆羲文，不易柳公语。未习鲁公书，先观鲁公诂。平原气在中，毛颖足吞虏。”他认为，书法的关键不仅仅是字的造型和笔力，更是人的精神骨气的表现。这种骨气的产生、壮大正是源于人格的培育和提升，源于对大丈夫浩然正气的培养。他推重柳公权“心正则笔正”的书论，对颜真卿厚重磅礴壮伟的字极为推崇，学习他的字正是要从其高迈凛然的气节处入手，体会其生命的精神骨气，才可能达到同样的精神高度和艺术表现高度。

傅山认为：“著述须一副坚贞雄迈心力，始克纵横。”而“若论文事，则尽许发扬蹈厉”，在《序西北之文》中，他欣赏西北之文“沉郁”“佶倔”的特点。在国变之际提倡豪劲悲壮之作，而鄙夷柔弱的文风。他主张学习《左传》《史记》《汉书》，激赏“轩昂懿濞之高才”笔下“狮筋霹雳，象弦皆断”的秦汉古文，主张济以“风流骀僾”“意之缥缈”的阴柔细腻，这种风格理想与后来姚鼐的风格论相接应，对整个清代尚沉实骨力的文风有深刻久远的影响。

开启拙丑、支离、率直的审美意识

中国传统的审美倾向一直都是以阴柔、典雅之美为正统。儒家文化是以伦理为本位，将社会和谐放在首要地位，强调友爱、谦让、宽厚而忽视个人的自由发展。孔子概括自己的学说，认为“恕道”最为重要。中国的另一主流文化——道家，其崇尚自然的思想，没有能够向着征服自然的方向发展，而是向着顺应自然的方向发展，它不是引导人们去与自然抗争，而是以效法自然、与自然合一的模式以求得精神上的自由与舒畅。道家主柔、主让、主退，在人生哲学上，主张超脱功利，同于大通。这种文化对美学有着深层次的全局性的影响。在传统的审美意识中，体现阴柔品格的审美理想占据主流的地位。在美学理论上，由老子提出的作为宇宙本体的“道”是美之本，而“道”最基本的性质是什么呢？是阴。老子将它比作“玄牝”。审美，就其本质来说，是味“道”。“道”虽然由“有”与“无”两个不同的层面构成，但“无”比“有”更为根本。“有”通向“无”，“无”生出“有”。“有”是实，“无”是虚，“有”是秀，“无”是隐。既然审美意象应是“道”的形式，那么审美也就是从“有”体会出“无”，从“实”体会出“虚”，从“秀”体会出“隐”。无、虚、隐，作为“道”的更为基础的层面，它就显得比有、实、秀更为重要，于是含蓄、象外之象、味外之旨就成了传统美学最高范畴——境界的最为重要的品格。

虽然，传统文化在审美理想中，也有体现出尚力的特色。力，在中国传统美学中含意很丰富，它与“气”“骨”这样一些概念互训，基本意义指刚健质朴的生命活力，涉及作品内容则多指儒家积极入世的人生态度。中国人对文学艺术的要求无疑是尚力的。但是，在实际的审美品评中，对于“韵”似乎更为重视。“韵”与“力”不是完全对立的概念，也就是说它们可以互相包容。相比较而言，“韵”似乎更多地偏向人的情感意味，指生命力中的那种内敛的柔韧。宋代范温在论“韵”时所说的就很有代表性，他说：“有余意之谓韵。尝闻之撞钟，大声已去，余音复来，悠扬宛转，声外之声，其是之谓矣。”并认为“韵者，美之极”。

总之，在傅山提出“四宁四毋”审美观之前，由阴柔的倾向派生出重情、重韵、重隐、重曲、重柔的审美观念。这也正是傅山为什么在“二十岁左右，于先世所传晋唐楷书法，无所不临，而不能略肖，偶得赵子昂、董香光墨迹，爱其圆转流丽，遂临之，不数过而遂欲乱真”。后因恶其人，遂恶其书，把赵孟頫、董其昌称为“匪人”，而与“匪人”游，逐渐地“神情不觉其日亲日密，而无尔我者然也”。但在《作字示儿孙》文中又说“董太史何所见，而遂称孟頫为‘五百年中所无’。贫道乃今大解，乃今大不解”。这种自我矛盾的话语，其中隐含着傅山前后期审美观念的不同。其中的“潜台词”就是我傅山以后对赵孟頫的一些重新的客观的认识和评价不是突然的，是有原因的。其实傅山早期就认为赵孟頫的书法确实是好，并也为后期有时“写此诗仍用赵态”所开脱。因为赵孟頫的书法呈现出来的美是符合中国传统的审美观念的，于是紧接着傅山不得不说“然又须知赵却是用心于王右军者”，这一点傅山不得不佩服赵孟頫，这是因为自魏晋确立书法的地位以来，王羲之的书法美一直都是作为正统的书法审美形态。

17 世纪是中国美学思想发展的一个重要转折时期。随着明代市民经济、城市经济、资本主义生产关系的萌芽，社会心理结构、价值观念、审美观念都发生了巨大的变化。人们首先在陆王心学里找到了生存的最有力的理论根据，强调“本心”，尊重个人思考的无上权利，接受禅宗呵骂佛祖，否定外在经典桎梏。既然“良知”就在我心，“佛性”就是我心，那么我心就是无上的权威，我的思考便是不二的原则。文人们由此打开了心灵的枷锁和情感的闸门，激扬起一股追求个性解放的叛逆思潮。《建业风俗记》载：“嘉靖初年，文人墨士虽不逮先辈，亦稍涉猎，聚会之间，言辞彬彬可听；今或衣巾辈徒诵诗文，而言谈之际无异村巷。嘉靖中年以前，犹循礼法，见尊长多执年幼礼；近来荡然，或与先辈抗衡，甚至有遇尊乘骑不下者。嘉靖十年以前，富厚人家多礼法，居室不敢淫，饮食不敢过；后遂肆然无忌，服饰器用宫室车马僭儗不可言。”社会习俗形成的变化都是在人们不知不觉之中发生的。作为对新潮思想极为敏感的哲学家、艺术家们则愈来愈明显地主动加入这股新潮之中，用他们的理论和创作实践推动、领导着这股思潮。哲学上大胆主张“良知”“本心”；文学上提出“独抒性灵”，主张抒发内心真实情感；戏曲上公然提倡“情”为创作的根本；书画上批判模拟古人，主张师己心而不师古人。这一时期的市民文学、平话小说、志怪杂剧、戏曲木刻、民间版画等都取得了辉煌的成就，直接反映了市民的现实生活。

特定的历史环境，使傅山的审美情感打上了鲜明的时代烙印。在傅山之前的王学左派后期代表人物李贽独树一帜，直斥封建正统思想，抨击腐败的程朱理学是伪道学，力倡未受官方御用思想侵蚀过的天真、拙朴的先天存在的精神状态——童心。他说：“童心者，真心也……夫童心者，绝假纯真，最初一念之本心也。若失却童心，便失却真心，便失却真人。人而非真，全不复有初矣。”继而他提出了童心说：“天下之至文，未有不出于童心者。”这种童心，不仅仅是一种天赋道德观念，而且已含有个人的自觉，是当时社会经济新因素，即资本主义生产关系萌芽的反映，代表了市民要求人性解放的观念。李贽对封建教条、传统权威的否定，对童心的提倡，对文艺上拟古主义的抨击，冲击了儒家中庸哲学和以礼节情的美学观念，对当时的思想界、文艺界有积极的影响。

明亡以后，随着政治、经济、哲学思想的变化，文艺创作出现了一个新的局面。这是一个急需新的形式容纳新的内容，急需新的审美意识指导文艺推陈出新的时代。傅山在反对程朱理学的同时，在审美意识上上溯到百家诸子时代，找出了一条被“阴柔”所长期覆盖的拙丑、支离、直率的审美意识，并赋予了它新的意义。傅山认为文艺要关注现实生活，要情挚气盛就不可“载之空言”。既缘事为文，就须言思落于实处，重实而不重巧，反对巧言、巧思：“《诗》云：‘巧言如簧，颜之厚矣。’而孔子亦曰：‘巧言令色鲜矣仁。’又曰：‘巧言乱德。’夫巧言不但言语，凡今人所作诗、赋、碑、状，足以悦人之文，皆巧言之类也，不能不足以为通人。夫惟能之而不为，乃天下之大勇也，故夫予以刚毅木讷为近仁。学者所用力之途，在此不在彼矣。”傅山重拙而不重巧，赞赏夫子之“刚毅木讷”，实出于其扶世救亡之心。

因此，傅山提出了“宁拙毋巧，宁丑毋媚，宁支离毋轻滑，宁直率毋安排，足以回临池既倒之狂澜矣”。“宁拙毋巧”即宁可追求古拙而不能追求华巧，应追求一种老子所云的“大巧若拙”的艺术境界。“宁丑毋媚”是指作书要追求内在的美，宁可书写得丑些，甚至有些粗头乱服，也不能露出取悦于人、奴颜婢膝之神态。结合他在《喜宗智写经》一文中的“宁纯无利”，可见傅山反对作书为某些目的讨好于人。“宁支离毋轻滑”是指艺术的生命在于创造，不在于纯熟圆滑，以自然潇疏之趣，远胜品性轻浮之相。他在《与右玄书册》中言：“道人之诗，道人之性也。支离率意，不衷于法。”可见，“支离”就是率直，“不衷于法”，不受格套的束缚，表达自然而然之情。“宁直率毋安排”即宁可信笔直书、无须顾虑，也不要描眉画鬓，装饰点缀，有搔首弄姿之嫌，正如他所形容的“如老实汉走路步步踏实，不左右顾，不跳跃”。其中“拙”是拙硬、拙直、拙厚、拙朴、古拙，是褒义词，不是拙笨、拙陋。它正是作品出自天然，具有原始的纯真，不失本色。傅山论作字之道，曾说："写字无奇巧，只有正拙；正极生奇，归于大巧，若拙已矣。"不难看出"拙"字的真谛和"巧"有相关处。正如老子所谓"归真返朴"，庄子所说"既雕既琢，复归于朴"者。"能用拙乃得巧。用拙不逞巧，乃为大巧。"由正到奇，由奇到巧，而升华再进入拙的境界。其内涵包容丰富、复杂，微妙玄通，浑然而不可思议。说是有法，而又无法；有我在，而又无我在；有所似，而又无所似，种种情况，可以心会，能以言喻。

傅山的文艺情感既是深沉的，也是真诚的；是悲壮的，也是神圣的。傅山的理论大有针砭时风、力挽狂澜之用意，可谓振聋发聩之洪钟，与他同时代的文人学者相比，有很大不同。他提出"四宁四毋"的审美意识虽然是在议论书法时所说，但更深的意义，一方面在于他痛感当时的一些文人替圣人立言，为统治者出谋献策之举，以挽救当时萎靡堕落之文风、书风，提倡自然率意、不为法束、威仪凛然的文艺，以发扬爱国主义思想，振奋民族精神；另一方面在于申明"文如其人""字如其人"，人奇字古，作文作字之道，做人须是第一，所以是对整个文艺提出的惊世骇俗的、具有战斗性的审美意识观念，也是面向未来的新的审美意识观念。

第 11 章

不拘成法，风格多样之诗文

现存《霜红龛集》是保存傅山诗文一个比较完整的本子。其中存诗十一卷，计有八百多首；存文共一百七十多篇，其中赋十三篇，传十二篇，叙、书后、题跋四十八篇，记十篇，祝寿文三篇，墓志、哀辞三篇，碑碣六篇，疏引十五篇，书札二十二篇，家训九篇，杂文十篇，杂著五篇，读经史八篇，杂记五篇，另外还有读子文十数篇。据清代傅山著作的搜集研究者刘绍攽记载，傅山一生足迹半天下，诗文随写随掷，家无藏稿，亦无定稿，加之兵荒马乱，散失更甚。后人张直甫、张思孝等曾广为搜求，充其量不过十之六七。傅山的诗文充分体现了他的文艺观念。

直抒胸臆　慷慨悲凉

不同的时代，不同的文人，其作品就必然会有不同的风格。傅山在对历代诗文的品评中，既肯定了三国时期曹氏父子“曹家无靡语，何尝少辉光”，也赞赏陶渊明的“淡磊而情”。

他对杜甫的诗很是敬佩，也对王维诗的“淡处、静处、高处、简处、雄浑处，皆有不多之妙道情真语，人不能似者”非常赞赏。他在《偶借法字翻杜句答补岩》（之二）写道：“性情配以气，盛衰惟其时。”“风有方圆否？水因搏击高。偏才遇乱世，喷口成波涛。”诗文作者的主观因素如风、如水，虽有其特定的内涵和素质，但本身无方无圆、无高无低，只有与客观外界环境相接触才能依环境而形成其方圆、高低。每个时代都有偏才，当他们有了乱世的机遇，便是出口成波涛，不期然而形成自己独特的风格。

因此，按本性去写诗文，表现现实的生活、事件的认识与情感，傅山认为是一种更高的创作境界。他的诗文都是自现实生活中鼓荡酝酿，从内心里流淌出来的。与傅山同时代的戴廷栻说：“取先生之诗读之，时高，时典，时雄，时厚，时老，时艳，时淡，时远。至真至性，纯乎风流而未尝无格。”

崇祯十三年（1640）十月间，傅山三十四岁时，闻三立书院同学郭新（九子）病逝，非常悲痛，遂写下《郭九子哀辞》文。文章一开头写夏天他的侄儿傅襄才二十岁就病逝，非常悲痛，昏昏然不出门，也不见客，整日拥被枯坐。十月有位姓王的来拜访，或有奇闻，或有喜事，可以冲淡他的悲伤，于是就勉强会见了此人。来者说自己来自武安，于是问是否认识武安的郭九子，来者回答说八月就死了。傅山听后十分吃惊，立即泪如雨下。回想起当初同学之时，与郭九子、白居实、薛宗周等同学考试后同游平定山，其他人都落寞无兴致，在半山腰说说话就都疲倦了，只有郭九子兴致勃勃，选了一棵古松题咏作诗：“既而蹒跚石磴，直到冠山最高峰，踞大石，狂笑掀髯，向下大叫索酒饮，亦何壮哉。”文章随后想到郭九子家中贫穷潦倒，又不愿意接受别人的资助，生活处于困境之中。但当同学晋露盘去看他时，他却是“喜露盘来，饮酒赋诗，谈笑累日夜，豪气不除也”。不过，郭九子病重时却一反常态，常常“无故辄痛哭，又语露盘：‘我何善伤感也？’语已随复哭。露盘慰之曰：‘子非戚戚人也，何为乎？’九子曰：‘然。’乃强起饮酒作诗”。郭九子这一反常之态，在结尾处傅山解曰：“吁嗟可悲兮，怀才之不信。凭心而不化兮，卒集戾于厥身。”郭九子去世后，晋露盘收集了郭九子的遗诗，请傅山作序。傅山在写《序郭九子〈旷林一枝〉》一文时不禁悲从中来，感慨道：“余读九子诗，盖伤儒生风节不传，诗为士之穷云”，“又伤九子生不得知，死而言乃为贵人所重哉”？后来，在李自成攻占北京和清军入关后，傅山避难到武安，又作《题九子故里》一诗，写道：“必社文空订，谁坚赤石盟？九子一个死，两变众多能。诗骨凭人瘗，游魂敢道宁。小碑题可惜，不是旧朋盟。”傅山通过两篇文章和一首诗，将郭九子雄豪狂狷的形象栩栩如生地展示在读者面前，同时也将那个腐朽没落时代有志有才的知识分子的遭遇反映得淋漓尽致。这是他对明朝腐败政治的控诉，尤其是当时正处于内忧外患、危急存亡之秋，正是用人之际，而像郭九子那样有才智，有抱负的年轻人却郁郁早亡，“不得志于时”，多么令人痛心疾首！

崇祯十五年，傅山三十六岁时，他的长兄傅庚病殁。傅山痛不欲生，“日夜共老母哭泣，老母慰山，山慰老母，随复涕出，不能仰视。自此不敢出门，直怕见人家有兄弟偕行者”。六十八岁时，由自己一手抚育成人的侄儿傅仁撒手弃世，他悲怆地写道：“卅年风雨共，此侄比人亲。”他七十八岁时，五十七岁的儿子傅眉卧病一年后先老父离开了人世，傅山老泪纵横，长歌当哭，痛赋十四首《哭子诗》，诗中写道："老骨本恃尔，尔乃不及收""转眼见孙哭，又复怜其孤"。

朋友、家人的离世，使傅山的诗文更加感情真切，痛苦、悲伤都跃然纸上。而国家的兴衰更使他受到沉重的打击。明亡前他悲痛地喊道："世界疮痍久，呻吟感兴偏。人间多腐婢，帝醉几时痊？""荡荡乾坤病，戋戋肺腑收。三山逃不得，百药庋何投。"他所关心的是世上疮痍，民间疾苦，他痛恨贪官污吏的众多，他焦灼帝王的昏聩沉迷，他不能逃到海外仙山去，他日暮焦虑的是血丹骨白的祖国该如何医救？他倾慕那"一言决人意，千里不留停，笑取仇家头，混迹游他乡"的游侠义士；他愤激于自己作为一个文人的无能和无用："男儿生无权，简阅深低头。文章费精神，仅与刺绣侔。"傅山《甲申集》中收录了甲申年和乙酉年两年诗作九十首，这些诗反映了他心情的悲痛、烦躁、矛盾，甚至于有些消沉，几乎所看到的这世界的一切都不称心、不顺眼。春雨的降落在傅山看来不是高兴而是遗憾："可惜清明雨，濛濛及此都。诬教田舍老，真作旱云苏。"春柳的临风摇曳也由美变成了可恨的摇尾乞怜："贱杀柳颜后，不知春属谁。……快心须一剑，斫却看平夷。"只有那迟迟不开的老杏树尚可差强人意："崖边红瑟瑟，老杏懒于开。悔不斧斤断，腼随时令催。"傅山之所以有如此的感情是因为这个世界变了，不再是大明的江山，而是满族人的天下了。于是他悲愤、痛苦，也开始了战斗："南峰落落不多松，涛冷新秋带石汹。黄面瞿昙悲大地，白衣客子啸长风。冈峦龙舞英雄泪，日月乌号梦寐中。千里神州无好听，老僧双耳妙能聋。"这是何等的气势，正如清末学者武承谟所云："朝击磬一声，暮枕剑一睡。歌罢鬼神泣，笔落风雨肆。或咏圯桥履，或赋淮阴帜，或吊汨罗魂，或洒少陵泪。”

傅山的长篇文章也是畅抒已怀，不粉饰一字，用白描的手法去叙述，表现真实的情感。如他的长达六千言的文章《因人私记》，记述了青年时代率领三立书院生员赴京为老师袁继咸冤案请命最终得以胜利的全过程。文章通过对巡按御史张孙振为达到排除异已的目的，与阳曲知县李云鸿等勾结，给袁继咸罗织罪状事实的叙述，以及对通政司参议袁鲸与张孙振合谋，三番五次阻挠请愿者诉状上达的描述，特别是对请愿者到朝房门外拦截首辅温体仁的场面描写，通过一个个人物的语言行为和心理的刻画，揭示出明末统治集团内部种种不可救药的弊病和重重不可克服的矛盾。而对监狱和法庭的描写虽比较省略，但也通过笔端揭示了封建统治专政机构的残酷与昏暗。袁继咸的无辜被执，牵连者百余人“皆散寄五城刑部监中，有已死者，有瘐而待毙者，有乞食监中者”，刑部在城隍庙对此案审理时，犯有诬陷罪的李云鸿理应受审，却升任刑部主事，既而“缘别进，得御史”。文中还对请愿者内部不同人的性格和行为作了刻画，如秦植的出尔反尔、两面三刀，韩某的见风使舵、巧辞伪饰，王志旦的趋炎附势、挑拨离间，王象极等人的张皇失措、临阵脱逃，从不同角度批判了封建时代知识分子软弱、犹豫的劣根性。而热情赞扬了那些见义勇为、不计利害的坚定的请愿者，“山与宗周随先生行”，丁时学的全力支助，王予蛙的出谋划策与慨然带头，曹良直的联络周旋，都写出了黑暗王国中仍有高举火把的大勇者，这是中华民族千百年来赖以生存、发展、壮大的脊梁。

傅山善于把真挚的感情融入叙述和描写中去，能在空间上灵活自如地进行有条不紊的穿插和调度，不仅写出了“前方”

（京都）的鏖战之急，而且也叙及“后方”（太原）的压力之苦，像这样能把一个反映时代社会面貌的重大事件写得如此全面翔实、充分具体，以生活的本来面目和盘托出其全部复杂性而又如此条理分明的大手笔在文学史上还是少见的。

善用典故　古奥老拙

用典亦称用事，凡诗文中引用过去之有关人、地、事、物之史实，而增加词句之含蓄与典雅者，即称“用典”。用典既要师其意，尚须能于故中求新，更须能令如己出，而不露痕迹，所谓“水中着盐，饮水乃知盐味”，方为佳作。诗文中用典，古已有之。典故用得好，可以扩大和深化诗意的内涵，引发读者的审美联想，收到言简意赅的效果。诗人中用典最为绝妙的应是杜甫。他读书破万卷，又能将故事融化在自家的才气中，所以只要剪裁入诗，就如从自家胸臆中流出。傅山熟读古书，特别是家传的历史学知识非同寻常，他的记忆力也超强，有许多典故或古代历史人物、事件，甚至佛、道名人的诗文他都能随口道出、信手拈来。他的诗文用典颇具特色，无论语典、事典，甚至某些佛道之语，以及神话传说，都能随心所欲地使用，变幻莫测，表达出隐曲之意、难言之情。特别是在当时所处的时代环境下，有些内容需要隐晦，若明若暗。如果读者历史知识贫乏，知识面狭窄，读傅山的诗就会感到冷僻生疏，难以理解。清代学者董其恕在《读傅道翁先生诗》中就有“读其诗，古奥老拙，人多不解”之语。但如果读者有丰富的古代文化知识，就会感受到傅山的诗文有很强的感染力，对他用典的老到、准确、含蓄佩服不已。傅山的诗文表现的是真情实感，与那些“以才学为诗”，流于故事的堆砌和学问的卖弄是不可同日而语的。

试看傅山的五言律诗《丝素》：

丝素怜光净，初秋见白云。
聊为回雁阵，岂复计鹅群。
字正辟支果，书空烦恼军。
隃麋华几笏，屋漏满氤氲。

这首诗的表面意思是说在洁白如云的宣纸上，随心所欲地写几行如雁阵般的书法，怎敢和王献之的《鹅群帖》来较量呢。仰望北回的大雁在天空中飞翔，俯视鹅群戏汾水，西村的新秋，一派丰收在望的田园风光。而真实的含义是他借用书房常用的“丝素”就是“旧楮”纸，“隃麋”指的是墨，“满”与“汉”相对，寓意旧主乃明朝。字里行间寓意着傅山的痛心和思念，那明朝旧都，就像南飞的雁阵，寄托着他不忘回归明朝的坚定信念。其用典三处，分别是“鹅群”“隃麋”“屋漏”痕。王羲之喜爱鹅，《晋书》云：“王羲之性爱鹅。会稽有孤姥，养一鹅善鸣，求市未得，遂携亲友命驾就观。姥闻羲之将至，烹以待之，羲之叹惜弥日。又山阴有一道士好养鹅。羲之往观焉，意甚悦，固求市之。道士云：‘为写《道德经》当举群相赠耳。’羲之欣然写毕，笼鹅而归，甚以为乐，其任率如此。”“隃麋华几笏”是指隃麋地区（今陕西省千阳县一带）古时产墨非常著名，因此隃麋也就成为墨的别名。元代伊世珍所撰的《琅环记》中说：“汉人有墨，名隃墨。”宋代晁贯之《墨经》说：“汉贵扶风隃麋终南山之松。”隃麋这里的树龄古老，枝条中油脂含量高，极适于烧烟制墨。由于原料上乘，制作精良，隃麋地区所产之墨，在汉代就是墨中佳品。《汉宫仪》

中有“尚书令、仆、丞、郎，月赐麋大墨一枚，小墨一枚”的记载。因添加的香料和形状不同，墨的单位名称也是多种多样，有时交错并用，有丸、枚、螺、笏、挺、锭、块等。“屋漏”痕是指书法笔画像房屋墙壁漏雨一样的线条，传为颜真卿的书法绝招。《书学史》曰：“索靖之银钩虿尾，颜真卿之屋漏，怀素之壁路（壁坼之路）及钗股诸法不若是之明且要也。”

再看一首《起用杜句戏作》云：

秃颓忽然笑，何为枉见投。
画沙非乞米，挫锐不封侯。
屋漏殊多事，穿锥省怨尤。
近来积贮者，幸甚及银钩。

这首诗有两处用典，“画沙非乞米”，颜真卿行书《述张长史（张旭）笔法十二意》曰：“如锥画沙如印印泥，书道尽矣。用笔如锥画沙，自然齐古人矣。”傅山谦虚地说自己只是随意写画，怎敢和《乞米帖》相比。“屋漏殊多事，穿锥省怨尤。”傅山不同意把书法说得越来越神秘化，越来越故弄玄虚。“穿锥”是说古人库狄干不识字，让他签名“干”字时，中间的一竖是从下往上画上去的，像用锥子穿，当时人称为“穿锥”。傅山认为不要被世俗的书法规矩所束缚，只有把书法的法度置之度外，师自然，以诡异鸣高，以博变为能，率意而为，才能将胸中的郁愤之气抒发。

傅山在阳曲有一位志同道合的朋友陈谧，字右玄。傅山曾指导过他学医，帮助他开办了医药店铺“大宁堂”，并在药铺开张之时为“大宁堂”题了一首七言律诗：

不学韩康隐市中，好将妙药学雷公。

者番更得夷夷木，却火徒输一炬红。

寿世婆心为货殖，青囊方术古今灵。

阎浮病苦能除却，不愧堂名是大宁。

在这首诗中第一句就用了两个典故：韩康卖药和雷公炮炙。韩康是东汉京兆灞陵（今西安东）人，常在山中采药，到长安市上出卖，三十多年口不二价。汉桓帝派人请他做官，他遂逃入灞陵山中隐居。雷公，是南宋药学家雷学支，曾深入研究中药炮制方法，著有《炮炙论》，近人辑其佚文为《雷公炮炙论》。傅山用这两个典故，是说陈右玄不要学韩康，而要学雷公，虽不做清朝之官，但也不像韩康那样逃隐山中，而是坚持隐于市中，继续卖药，并要像雷学支那样精心炮制妙药，医世救人。第二句中的“却火”是古代传说中的一种鸟，名为却火雀，置于火中，火即散去。这句话的意思是大宁堂失火后虽经扑救，却依然成灾，却火鸟竟徒然输给了“一炬红”，但“者番”（这番）重建，更得了确保平安的木材构件，今后可以预期平安了。第三句“婆心”为道家语，即仁慈之心。这句话的意思是说大宁堂炮制销售药品，所用的是古今都灵验的药方和医术，其目的是用仁慈之心造福世人，并以此做生意，这也是通常商业道德中所谓“以义取利”，讲得明明白白、老老实实、堂堂正正。最后一句中“阎浮”一词，本为梵语。佛经有“阎浮众生”之语，就是人世间之意。这句话就是给大宁堂定位：既然能够为人世间众生除去病苦，使大众安宁，确实无愧于“大宁堂”这一店名。这首诗虽然用了不少典故，但全诗多数语句通晓易懂，可谓是深入浅出，雅俗共赏，非常符合傅山这样的“儒医”的形象。

写景状物　历历如画

傅山诗文的风格具有多样性的特点，有慷慨悲凉、古奥老拙的，也有写景状物历历如画的。正如他的好友戴廷栻在《霜红龛集诗序略》中所言："急取先生之诗读之横口所言，时高、时典、时雄、时厚、时淡、时远，至情至性，纯乎风流，而未尝无格，遇使我得，过使我失，晦明之间，云蒸龙变。美人满堂，而目成者，知其神之所在。"清人古澧也在《跋傅老先生诗》一文中写道："至于忽喜、忽忧、忽怒、忽笑，游仙、安禅、歌舞、技击，几不知先生为何人，而其中默默难言、耿耿不忘之志，若隐若现，欲掩欲露，反复吟咏，如成见之，真与乔岳洪渎、清风朗月流行于天地间。"

傅山有一组描写樵夫生活的组诗《效唐人樵人十咏》，分别是《樵谿》《樵家》《樵傻》《樵子》《樵径》《樵斧》《樵担》《樵风》《樵火》《樵歌》。"蘙薱云不流，黑绿一沟豁。水石恣藤蔓，斫伐见日月。"劳动的环境是如此险恶，生活的条件也十分艰辛，但樵人有吃苦耐劳、勇敢乐观的优良品质："神全不知险，敢上无径崖。举斧听雉雊，放斧逐鹿孩。日夕悬爷心，认得歌声来。除顽不算力，一背山花柴。"傅山把一个砍柴少年勇敢、灵巧、活泼、可爱的形象生动地刻画了出来。在《樵担》中，他这样写道："乾湿久戮力，轻重不相猜。风雪轧轧动，步骤匀匀开。筋骨石中老，精神肩上来。多少脆弱中，嗟此坚贞材。"这里不仅真切地写出樵夫冒着风雪荷担挑柴，步履稳健的动作姿态，而且把"樵担"作为一种人格的象征——刚劲柔韧、坚贞不折。傅山在写冬日的夜晚樵人《樵火》的情景时描述道："敲石引红焰，望望集徒侣。空山种煖因，围炀相笑语。手足暂舒展，岂得久偎聚。去去竖寒肩，遗烬不再睹。"形象地描绘出一幅寒天霜日樵夫围火取暖的景象，舒展手足，围炀笑语只能是短暂的一霎，生活的重负逼着他们不得不竖起寒肩，迎着风雪再上山砍柴。组诗的最后是《樵歌》："一声林表度，不知何者机。四体怨尤尽，浑消山谷凄。百鸟听真籁，林静和鸣低。担头寒花朵，不觉开蕤蕤。"傅山把樵人的歌声在山谷中回荡的情景逼真地描摹了下来。这歌声充满生命的活力，它逐退了山谷的凄清和寒冷，山鸟听呆了，树林也发出了低低的和鸣声。这也使樵人暂时忘却疲劳和忧愁，担头的山柴也绽开了花瓣。傅山虽然出身于官宦之家，但自幼生活在民间，与广大民众有着水乳交融、血肉相连的感情。如果没有长期的生活体验和细心的观察，如果没有对樵夫的由衷同情和热爱，是写不出这样有真情实感的诗篇来的。

再看一首傅山的写景诗《天龙山径》：

雨余见归鸟，山紫知暮光。
驴背危一客，云根吐众芒。
柳疏绿香苦，桃静红意凉。
萝月征诗上，遥恋停靓妆。

这首诗是傅山晚年所作。天龙山位于太原市西南，距晋祠很近。这里屏峰黛立，松柏成荫，溪泉鸣涧，气候凉爽。早在东魏时高欢在此建了避暑宫，北齐高洋建了天龙寺，并都开凿了石窟。山因寺而得名，寺因窟而著称，傅山留存下来的诗中有十几首写天龙山的。这首诗描写了天龙山春日雨后复晴的暮色。起首一句呈现在读者面前的是雨脚初停，飞鸟归林，山色变紫的画面。在用字上傅山特别用了"见""知"二字，点明了雨停与鸟归、山紫与暮光的因果关系。第二句“驴背危一客”写得非常巧妙，它使一个静态的画面中出现了形态鲜明、意态生动的人物，整个诗陡然活跃起来。“危”字堪称全诗的“诗眼”，从这个字上，读者仿佛身临其境看到了一位老人骑在驴背上，艰难地在崎岖不平的羊肠小道上跋涉、颠簸，向着天龙山巅迤逦而行的情景。第三句写云彩底部迸射出一条光芒的景象，新绿的柳叶在雨后散发着苦味的清香，灼灼红桃因雨洗而透出静谧的凉意。傅山通过主客观的描绘将视觉所看到的“疏”“绿”“红”和嗅觉所闻到的“香”与“苦”，以及听觉听到的“静”，触觉碰到的“凉”都写了出来。这种将全身的器官都调动起来的描写，表明了傅山在观察、体察与描写方面是何等细致、准确、逼真、贴切。最后一句用拟人手法描写隐藏在山后带着雨晕的月亮为了征求诗作而升起来了，远处的山峦也罢了漂亮的妆饰，躲在朦胧的暮霭中了。这样，明月、山峦都成了具有灵性的有情物。

傅山曾写过一篇状写幼松的散文《记李宾山》，采取拟人的手法把很不起眼、人们习以为常的幼松写得栩栩如生，而且饱含着哲理意味。他首先从正面描写稚松的外观：“娟修倚狎，如不自举，亦不肯辄仆压而生者。”人格化地描画出了此松既不挺拔亦不仆地，而是修长地斜倚着，显出和人很亲近的独特形象。既而，写它是松中的“隐者”，“颓纵随性，不见伐于材”，盖因其如庄周所说：“处于材与不材之间耳。”这毋宁是傅山的自况，即幼松成了他思想情感的外射物和理想的象征物。接着他又从不同情境中描写幼松给人的种种不同的印象：一是坐在松下的蒲团上“偃仰幽昧”，写出了幼松青葱翠滴的风姿和清风徐拂时似有若无的韵味；一是从山脚下的一处高地停步转视它在月下的神态，渲染出一个“亦梦亦醒”迷离恍惚的奇幻境界。傅山借助观看幼松的种种不同印象，发挥出一个高妙的哲理：“不松观松也，松不松观，观解脱矣！”启发人们观察事物不要用死板、静止、一成不变的观点，而要用变化的观点，是它又非它的观点，这样认识事物的主观能动性才能得到解放，事物的内在规律和它的特殊性、丰富性和复杂性才能进一步被发现。

第 12 章

奇逸狂放、古迈苍劲之书画

有关傅山的传说故事，除了他武艺高强，还有就是他的书画多么神奇。如有一则《傅山画葡萄》说：傅山有个朋友，儿子要结婚，在布置新房时，专门登门请傅山给新房墙壁上画一幅画。傅山对朋友说："你先回去，磨一大缸墨汁，磨好后再来叫我。"朋友回去请了十个人磨了十天墨，才磨好一缸墨汁，请来傅山。傅山来到新房，叫人抬来墨汁，然后拿起一把破扫帚蘸上墨汁就在墙上刷了起来。一会儿，白的墙壁就成了黑一块、白一块的了。傅山刷完，扔下扫帚告辞而去。朋友一看傅山的"画"，气得嘴都歪了。但又不便发作，因为再过两天就要娶新媳妇了，只好准备明天叫人重刷墙壁。到了半夜，朋友转悠到了新房。刚一进门，就惊呆了。房内满是芳香，墙壁上一幅松鼠闹葡萄的画展现在面前，那一串串葡萄晶莹透明，松鼠从这一架上跳到那一架上，远处还有几只喜鹊向葡萄架飞来。朋友一看，心中大喜，这才知道原来是幅神画。

再有一则故事《计赚傅山字》，是说傅山的字为当时人所重，往往是一字难求。故事是这样的：山西城里有一座名叫打钟庵的寺庙，庙里的住持想请傅山题写庵名。但傅山厌恶住持为人处世的庸俗，特别是他对清廷官员献媚的态度，因而拒绝了他的要求。有一天，傅山一个人正在其隐居附近的一个小酒馆内饮酒，忽然进来一人，一看，原来是多年不见的老朋友钱南山。傅山还没来得及打招呼，钱南山已坐在了他的对面，把一坛子酒放在了桌上，叫店主拿来两个大杯，说道："朋友从远方带来一坛好酒，钱某舍不得独享，特来找兄台一醉。"说着，打开封口，一股扑鼻异香顿时弥漫了整个小店。两个人喝了有一个时辰，都有些醉意。钱南山忽然诗兴大发，吟起诗来："月落霜打天，渔火愁点点。寄客姑苏庵，钟声独难眠。"吟了一会儿，就叫店家把笔墨拿来。钱南山展纸提笔，写起这首诗来，可这位钱老兄，并不擅长书法，写得歪歪扭扭，十分拙劣。但他并不灰心，写了一张又一张，不好，撕了重写，连写了近十张，还是不好，又接着写。傅山在一旁看，心想，这老兄是醉了，于是说道："你再写下去，恐怕城里的纸都要被你撕光了。不如我替你试试吧。"钱南山心想，早就等你这句话呢。傅山站起身来，也有点摇晃，从钱南山的手中接过笔，略作凝思，笔落纸上，一气呵成，如古藤盘绕，时而笔断意连，顾盼生姿。一首诗顿时写成，写得比平时还要好。"好字！好字！"钱南山赞道，又说，"何不顺手署上兄台大名？"傅山在诗后又署上了自己的名字。过了十多天，傅山出行路过打钟庵，抬头一看，大门上挂的"打钟庵"的匾额，怎么是自己的手迹呢？再仔细一想，恍然大悟，大呼："上当，上当！"原来住持遭拒绝后，并不甘心，便想起了自己的熟人钱南山是傅山的朋友，便去求他帮忙。碍于情面，钱南山只好答应。于是才有了上面的那场巧计，把"打钟庵"三字嵌入了五言诗中，趁酒醉赚了傅山的字。

傅山流传下来的书画作品分别收藏于北京故宫博物院、中国国家博物馆、山西博物馆、晋祠博物馆、上海博物馆、南京博物院、河南博物馆、湖北博物馆、开封市博物馆和成都杜甫草堂等十多家文博单位以及个人，收藏较多的是太原晋祠文物管理所。2007 年陕西人民出版社出版了《傅山书法全集》，收录了傅山从青年到晚年的一千多件书法作品。傅山的绘画作品已于 1962 年由人民美术出版社出版，书名为《傅山书画选》，收入画作二十五幅；1964 年上海人民美术出版社出版的《傅山画集》，收入画作四十幅。

效钟书之高古、融颜书之凝重

中国书画一个重要的特点就是“书画同源”。这不仅是指中国文字与绘画在起源上有相通之处，更重要的是指书法与绘画在表现形式方面，尤其是在笔墨运用上具有共同的规律性。这也是文人画的重要标志之一。宋元文人画兴起，特别强调以书法的笔法入画，以及绘画的书法意识。苏轼就认为“诗画本一律，天工与清新”。他说文与可画竹，是“诗不能尽，溢而为书，变而为画”。元代书画家赵孟頫在题《枯木竹石图》中说：“石如飞白木如籀，写竹还应八分通。若还有人能会此，须知书画本来同。”明代王世贞在《艺苑卮言》一书中从两个方面分析了书画同源：一方面在用笔的技巧上，例如，画竹，干如篆，枝如草，叶如真，节如隶，郭熙和唐棣画的树，文与可画的竹，温日观画的葡萄，都是由书法中得来的；另一方面从书体所体现的审美理想上，如龙跳虎卧、戏海游天、美女仙人、霞收月上等境界，更是书画相通的。现代画家黄宾虹也曾说："书画同源，贵在笔法，士夫隶体，有殊庸工。"这些论述主要强调了绘画用笔与书法用笔的相通之处，并以此说明文人画家和书法家须具备广博的修养和丰富的艺术想象。因此，考察文人书画家，首先看他的书法渊源。

傅山的书画很好地体现了文人画的精神，也是他文艺思想的最好载体。他的"四宁四毋"（宁拙毋巧，宁丑毋媚，宁支离毋轻滑，宁直率毋安排）的审美思想贯穿于书画创作的始终。

明人学习书法大都是从晋唐名家入手，傅山也不例外。他晚年回忆道：八九岁即临钟繇书法，大一点临王羲之、王献之的《黄庭经》《曹娥碑》《乐毅论》《东方赞》《十三行洛神》以及《破邪论》，无所不临。最后，写颜真卿的《颜氏家庙碑》，略得其支离，临颜真卿的《争坐位帖》，颇似之。又进而临《瓶兰亭序》，虽不得其神情，渐欲知此技之大盖矣。

钟繇生活在汉魏之际，这个时期是新旧书体并存而互相激荡、互相渗透和分化的时期，篆书尚存余韵，隶书经灵帝、桓帝时期的高度发展而波澜未平，草书如新浪潮一般席卷士人案首，楷、行两体也已从草书中脱颖而渐显。魏晋之前，篆隶为主体，草为副，楷、行为隐。魏晋之后，楷、行、草为主体，隶为副，篆为隐。这一书法文化发展的转机，为当时书法家群体所共有，关键在于其个人的自觉意识和把握。钟繇抓住了这个历史的机遇，将篆、隶阶段过渡到楷、行、草阶段。钟繇选择的是铭石书（隶节）、章程书（楷书）、行、押书（行书），而当时的其他书家，师宜官、梁皓善八分书，卫凯善篆、隶、草书，邯郸淳善篆、隶书，韦诞善隶、草书，均不及钟繇得风气之先——楷、行，致使后来人不知师宜官为何人。

钟繇是首先将楷书引入士族文化圈的书家，所以被称为“楷书之祖”。而完善楷书体格，使楷书与行、草书在笔法上融为一体的却是王羲之。因此，钟繇的书法在很大程度上保留篆、隶的用笔和质朴的特色，象征朴拙精神。傅山的性格刚烈不阿，专重气节，在艺术上不仅重视书家人格，而且反对造作安排，主张自然天机，甚至偏好丑拙之美。这样的审美倾向自然引起傅山对钟繇的兴趣。傅山的小楷《千字文》与钟繇的《荐季直表》在用笔、结体与风格方面皆十分相近。《荐季直表》的重心不一，结体大小错落，具有横势，亦不重视提按、顿挫，且以圆笔为主。傅山进一步发挥钟繇书法的特点，所作《千字文》体态宽扁，略有纵势，横画末端偶有隶书中的燕尾，有时一字的上下或左右大小不一，有时笔画刻意地拉长或缩短，呈现出一种稚拙的气息。但从两人书法的古拙风格来看还略显不同，钟体接近天然，而傅山的作品成熟、细腻，以及大小、位置错落的安排打破了楷书中的平衡结构，透露其欲“由熟反生”的意图。除了字体内部夸张的对应及错落之外，就字与字的连属而言，结体欹侧不平衡，且大小错落、疏密相间而蕴含笔势，深富行气，使整篇作品姿态横生，在体态、用笔及其行间安排上则较钟体更具变化。

在明亡以后，傅山便显出对颜体的高度热衷，其《作字示儿孙》云：

> 贫道二十岁左右，于先世所传晋唐楷书法，无所不临，而不能略肖，偶得赵子昂、董香光墨迹，爱其圆转流丽，遂临之，不数过而遂欲乱真。此无他，即

如人学正人君子，只觉觚凌难近，降而与匪人游，神情不觉其日亲日密，而无尔我者然也。行大薄其为人，痛恶其书浅俗……不知董太史何所见，而遂称孟頫为五百年中所无。贫道乃今大解，乃今大不解。写此诗仍用赵态，令儿孙辈知之勿复犯。此是作人一著。然又须知赵却是用心于王右军者，只缘学问不正，遂流软美一途。心手不可欺也如此。……宁拙毋巧，宁丑毋媚，宁支离毋轻滑，宁直率毋安排，足以回临池既倒之狂澜矣。

傅山年轻时曾致力于晋唐楷书，也曾醉心于赵孟頫圆转流丽的书风。明亡之后，中年的傅山在审美意识上发生了变化，由于赵孟頫本为宋朝宗室却侍奉元朝，虽“用心于右军”，而“只缘学问不正，遂流软美一途”，进而觉得其流俗、无骨。他毫不讳言地说：“予极不喜赵子昂，薄其人遂恶其书。”傅山“作字先作人”的观点则强烈地表达了他对书家人品的重视，于是以“四宁”“四毋”矫其流俗软媚与过度安排。从傅山早年的学习与后来对柔媚书风的反动，可知傅山适逢国变，心里的反叛和审美倾向的变化有密切的关系。对忠君爱国的颜真卿书法的热衷，傅山曾这样叙述临写时的心理感受：“常临二王，书羲之、献之之名几千过，不以为意。唯鲁公姓名写时，便不觉肃然起敬，不知何故？亦犹读《三国志》，于关羽、张飞事，使不知不觉就有了偏向。”这就是傅山虽曾用心于二王，以此作为学习阶梯，却不受其精神感动，这也反映出傅山的偏好与艺术的走向不在于此。

傅山对颜体的崇拜实际上已经跨越了书法领域的审美范畴，而进入道德修养层次。傅山于国变之前的书风多以钟繇、王羲之为主，结字略向右下倾斜，笔画清秀圆润，与颜书的端庄厚重、丰腴不同。自国变之后，书风开始变化，书法朝向颜真卿发展。顺治五年所写的《心经》结体纵长、宽扁不一，欹侧的笔势显得仪态十足，实融入行书笔法，而起笔重顿，收笔时掺有颜书提按重顿回锋动作，线条浑厚饱满，注重中锋用笔。但其《水仙操册》，却是以篆入楷，提按不明显，重心偏左，富有行气。存于顺治七年的小楷册页，分别是《临王羲之东方朔画赞》《临麻姑仙坛记》，前者在用笔、结构近似王羲之，只是结体略往右上倾斜，后者虽也保留颜体饱满丰实的特点，但相较颜字，则打破平衡、对称的唐楷森严体制，参入欹侧的体势与大小错落的结体，没有二王的妍美，也无颜书的平稳厚重，反增加了钟书的稚拙可爱。可见傅山的临摹方式并非亦步亦趋，追求形似，已有自我创造的意味。顺治十年末或顺治十一年年初所抄录的《礼记》则以颜真卿笔法为主调，再融入钟书不甚对称、宽疏、扁长的特色，在章法上重心轴线不一，自由风格甚浓。而同时另一幅小楷《庄子》笔画厚重，结构宽博平整，则更忠于颜体风格，得其坚实严谨与浑穆从容。傅山顺治十五年所作的《玄天上帝垂戒文》，结构、用笔以钟体为宗，风格近似《千字文》，然体态宽博、饱满，则又杂糅颜体。

傅山主张“宁拙毋巧，宁丑毋媚，宁支离毋轻滑，宁直率毋安排”的审美风格，就是以“丑拙”“支离”为核心，打破一切刻意安排、造作，甚至呈现残破的画面。大致说来，精熟优美的赵孟頫书体为“巧”，浑朴厚重的颜书为“拙”，傅山审美观念的内涵带有浓厚书家人格评赏的色彩。

开书法自篆隶入手新风尚

清代碑学家多主张学习书法从篆隶入手以矫其轻薄，而书法从篆隶入手，追溯其首倡者应是傅山。篆隶的古法自唐开元至晚明间几近丧失，数百年间对于篆隶的兴趣较为浓厚的以赵孟頫和文徵明为代表，但他们的篆隶书受楷书笔法的桎梏远甚于唐代。从文徵明《隶书千字文》中可见唐代楷书的笔法与结字已深植其中。他的隶书极为工整、平板，且结体拘谨，过度安排，几无汉代隶书的古法。至于祝枝山、王宠虽谙于六书，时出异体字，但是他们罕有篆隶作品流传，而傅山对于书法的主张有异于前辈，认为学书就应从篆隶入手。他云："楷书不自篆隶八分来，即奴态不足观矣。此意老索即得，看《急就》大了然。所谓篆、隶、八分，不但形相，全在运笔转折活泼处论之。"

他认为书法的学习必须追根求源，确实了解文字形成的来龙去脉，深入各种笔法。这一观点与清中后期的一些碑学家书学观点不谋而合，证明是十分正确的，这种学习书法须从篆隶入手的观点一直延续至今。

隶书是由篆书演变而来的，两汉时期的隶书皆称为汉隶。东汉是隶书的成熟时期，配合当时碑刻盛行，且流派纷呈，体势各异。唐人以楷法作隶书字多刻板，不如汉人以篆法作隶，呈现出的刚健有力、笔势自然的质朴风格。书体的演进是先篆而后隶、楷，了解其相承的关系才能善尽各种笔法而灵活出之，若不能追根穷源，其眼光则易受到局限。《急就章》传为三国时期吴国皇象的草书，点画简约、凝重含蓄，洋溢着古朴淳厚、纵横自然的气息。傅山认为灵活地运用篆隶笔法有助于书法风格的创新，并能达到他所崇尚的审美境界。他以钟、王楷书的成就印证道："楷书不知篆、隶之变，任写到妙境，终是俗书。钟、王之不可测处，全得自阿堵。老夫实实看破地工夫不能纯至耳。故不能得心应手。若有偶合亦有不减古人之分厘处。及其篆、隶得意，真足吁骇，觉古籀、真、行、草、隶本无差别。"

明代帖学兴盛。书家多以二王、钟繇为典范，吴中书家的复古，也仅止于魏晋。唐代以降，隶书多带楷笔，失去了汉隶自然朴拙的气息。傅山认为钟、王之妙在于知篆隶之变，深谙古文字的笔法变化，因此能保有古字的方法与精神，后人若欲超越此，则必须站在巨人的肩膀上而更进一步。同时代的姜宸英也持同样的观点，云："真出于隶，钟太傅真书妙绝古今，以其全体分隶。右军父子摹仿元常，所以楷法尤秒。欲学钟王之楷而不解分隶是谓使其原本。"钟书去古未远，字态宽扁，朴拙古趣，保留许多隶书笔法，以此学钟、王必能向上追溯篆籀古隶。清人认为晋人书法从古篆得来，故笔力圆浑，藏锋中具无限曲折，令人无法模仿。清蒋和也说："知篆隶则楷法能工。篆法森严，隶书奇宕，运用篆法参合隶书，可谓端庄流丽矣。"熟悉篆隶有利于书法笔法的创新。

汉隶中的横折不是以圆笔转折就是以横竖二笔相接，至于书写唐楷的横折时先将笔抬起，向右下倾斜后调整笔锋，再垂直向下走笔，明代隶书大多据此特色。将文徵明《隶书千字文》、黄道周《为永明隶书册》、王铎《五言律诗》与傅山《论汉隶》的隶书作比较，前三者或多或少带有楷书笔法，只有傅山纯粹以篆入隶。在章法上，除了文徵明以工整见称之外，其余均带有超越、突破传统的意味，在行笔上工整，在结构、用笔上不刻意求工，任情恣意，显得率意不拘，如王铎不避涨墨，因此产生墨团的变化，一改以往文徵明严谨的态度。而傅山更是以丑拙为美，用笔大胆不拘细节，且以篆入隶，增添许多绘画的趣味，实已泯除唐楷痕迹。

在汉隶的审美观点上，傅山认为“汉隶之不可思议处，只是硬拙，初无布置等当之意。凡偏旁左右，宽窄疏密，信手行去，一派天机”，说明书写隶书应打破工整，不假雕饰，贴近它原有的自然纯朴。他更以隶书写下对此体的主张：“汉隶之妙，拙朴精神。如见一丑人，初见时村野可笑，再视则古怪不俗，细细丁补，风流转折，不衫不履，似更妩媚。始觉后世楷法标志，摆列而已。故楷书妙者，亦须悟得隶法，方免俗气。”

两汉隶属大致可分为三种：一是豪放雄强、气势酣畅，如英雄豪杰，不修边幅；二是工整秀丽，敛豪放之气于温纯之中，不作巧饰，自然可爱；三是变态无常，充满自然的气息。但无论风格如何，均倾向于古拙天然，不讲究点画奎角的变化，更没有刻意造作，也不追求提按妩媚多姿的风格，在转折勾趯上皆有定式。汉隶的点画形质、用笔转折保留许多质朴、刚劲之气，与魏晋平和含蓄、超逸飘扬的书风形成鲜明的对照。傅山所认可的就是这一类自然天成、不加以雕饰的拙朴精神。后代翻刻或拓印的一些汉代碑石由于写得过于方整，缺乏变化，逐渐失去了原有的天然之美，而被傅山所诟病。傅山认为乍见汉隶的形貌如“初见丑人”，细看才知自然天成，分外有趣。《傅山墨迹》全是篆隶笔法，即使是写楷书也是以篆隶笔法写楷书，有一股浓厚的颜体气息。

傅山的《论隶书》，几乎全以篆书入隶，不避墨团，显得畅快淋漓。傅山喜颜书，除了仰慕颜真卿人格之外，颜体中带有的篆隶精神与傅山论书中“楷书不自篆隶八分来，即奴态不足观”的观点不谋而合。宋代书论家朱长文在《续书断》中就曾云：“惟公（颜真卿）合篆籀之义理，得分隶之严谨。”颜体与篆隶的浓厚关系，和傅山的审美观点十分契合。他主张以篆隶矫书法的流俗，与其主张的“四宁四毋”的理论相呼应，甚而有反传统的倾向，以“不衫不履”反抗过度安排与雕琢修饰。因此，自唐至明末书家以楷为隶的现象从傅山改变，隶书原有的朴拙精神也因而获得恢复。

傅山讲究字学，主张书法须从篆籀来，除了对赵孟𫖯软熟俗媚表达不满之外，也应与其所浸淫的金石之学颇有关系。清初擅长金石考证之学的学者多在北方，傅山与金石学家阎若璩、朱彝尊、曹溶、顾炎武往来甚繁，傅山在宋庄的住所是这些学者的落脚点。他们经常讨论学术，一起寻访古碑，鉴赏碑拓。

傅山流传下来的书法作品中还有相当一部分是行草书，特别是他的连绵大草，最好地诠释了他的文艺主张。书法中篆、隶、楷，因主“静”，更容易表现“法度”和“功力”。行草书却因主“动”，变化大，更易表现“情感”，抒发胸臆。由于傅山有很坚实的篆隶功底，因此就具备了一般人所不具备的超强的笔墨技巧，再加上他有着不同寻常的魄力，往往能写出巨幅的草书作品。郭沫若 1961 年在晋祠为傅山的《晋公千古一快》四条屏题跋云：“傅青主书豪迈不羁，脱略蹊径。晚岁作此，真可谓志在千里。”此语是有感于傅山草书的笔墨饱满、笔力千钧，油然而生的仰慕之情。

试看傅山的鸿篇巨制草书《谢灵运诗五首》十二条屏，用笔绵里裹针，结体精到，变化万端，书法笔势雄奇，连绵飞动，大气磅礴，跌宕起伏，字间连带自然，真有翩若惊鸿、矫若游龙之意态，体现了书家极强的个性。结字不求工稳，单个字显得欹侧不稳，然通幅观之笔力豪迈、结构自然，字形大小的变化更增加了作品的生动性和跃动感，给人以朴拙遒美之感。

再看他的《右军大醉诗轴》，题诗云："右军大醉舞蒸豪，颠倒青蓠白锦袍。满眼师宜欺老辈，遥遥何处落鸿毛。"其流畅的用笔中仿佛有着某种生拙的气息，然而其用笔又在法度之中。缠绕游丝的强调，使字与字、笔画与笔画间的疏密空间对比格外鲜明。其间欹斜反正、相避揖让、纵敛开合等艺术手法，在傅山的手下运用得十分娴熟，仿佛均在不经意中。率真的情感、大起大落的章法，充分表现了他博大精深的胸怀。

日本学者山内观和角井博在《围绕傅山之对谈》一文中将傅山的草书与同时代的王铎相比较时说："从傅山和王铎之书法的不同点来思考时，王铎的点画是在纷飞中变化的点点、点点，这样一种点与点之间微微飞起来的感觉。相对于王铎，傅山的笔画则一直是点线相连、点线相连。"王铎和傅山思想观念的不同正体现了他们不同的创作特点，以及倾注感情的不同方式。王铎书法点画沉实果断，顿挫感更强，相对更规矩，更讲究法度，在"不越矩"的状态下发挥跌宕张扬的书写气势。而傅山的美学思想显然是"反常"的，他不遗余力地寻求异常之法，尤其是草书创作。

傅山对于晋之二王，唐之旭、素，对于宋之米南宫、黄山谷，明之祝枝山等都进行了深入的研读和临习，而对于唐代的颜真卿和明代的徐渭在心理上更有契合点，书写起来不在乎一点一画是否遵守规矩，在字势与章法上追求狂怪与险绝，其奔雷坠石般的狂飙气势足以给人以视觉上的震撼。其草书字形圆转、畅达，线的运用是率性而为、意气风发，即使是运笔转折处也常常极少顿挫，靠左右摆荡与翻转的动作来驾驭笔毫，以保持书写的流畅感与连贯性。如其最具代表性的《五峰山草书碑》所缠绕连绵的程度，超出凡想。此文中又说："那些大量行草作品中对连绵笔法的喜好，也喜好在纩本、绢本上书写丈余长的条幅，如同用燃起的激情一样喷发出来的笔法在飞舞。当然他们每个人的书法都持有不同的特色，从作品的特征来说，线的表达内容都流露出了显著的感情色彩，从积淀沉重的古典书法格调中开放出来。以其自然的情调自由豁达地表现，依附于自身的内心流露。作为一般不怎么善于将字与字相连来书写的中国人，使六七个字'绵'起来的这些作品，看的人会感到有实实的像是强烈地倾诉的样子，他们摇动的背景和自身的激情相互作用，好像不遇和哀愁、奇特和波澜缠绕着一样的感觉。"两位学者同样感受到了"连绵"的特色所带来的激情。

傅山那"如同用燃起的激情一样喷发出来的笔法在飞舞"的书法技艺"从积淀沉重的古典书法格调中开放出来"的自我，终借独特之"连绵"书风脱颖而出，得到了历史的肯定。"傅山书法人书合一，博大精深，妙造自然，其精品观之如临深山大川，苍茫之气直袭人面，振人心肺，长人志气。他的草书，于右任爱其'生龙活虎'，章太炎谓其'挽强压骏'，郭沫若赞为'志在千里'，皆推崇备至。"文中虽然没有以日本专家常用的"连绵"来叙述傅山那气贯长虹的精神世界，但气势撼人的、具傅山强烈个性的大部分作品应该正是那些"连绵"的

“他的草书”。傅山的“连绵”像是傅山所特有的符号一样，打印在书法历史的记忆里了。

逸品、神品，均写胸中逸气

傅山绘画的经历没有专门的记载，流传下来的画与书法作品相比的确是很少。其原因傅山在《题自画老柏》云：“老心无所住，丹青莽萧瑟……掷笔荡空胸，怒者不可见。笑观身外物，消遣又几日。”可见，作画是胸中被“怒者”充塞，傅山书法精到，不得不排遣的时候才绘画。傅山在松庄侨居时，曾有官吏登门求画，傅山回道：“为医见则见，不然不见。”侯文正《傅山年谱》中曾多次提到有关傅山与画的事，第一次是崇祯五年二十六岁时，观双凤黄孝廉家藏书画，为之鉴别。黄双凤是当时的收藏大家，却请一位二十多岁的青年为其“掌眼”，可见当时的傅山，书画上已经有了相当的造诣。第二次是在明亡之前，一位名叫梁檀的回族画家与傅山过从甚密，傅山为学绘画常去造访，还曾在梁家小住。傅山欣赏他的书法和绘画，为他作过数篇诗赋，并为他写过传记。第三次是在顺治十七年，闻名大江南北的肖像画家谢彬到太原拜访了傅山。第四次是康熙七年（1668），始终隐居不仕的大画家戴本孝到太原访问傅山。第五次是康熙十年，著名学者阎尔梅到太原访傅山，“颓笔劳尔画几茎”，请傅山为其作画，傅作《岁寒古松图》以赠，孙心仿题曰：“列朝养士三百年，故国乔木余苍烟……所南画兰长灵根，清闷画山不著人……我今读画怀先民。”第六次是康熙二十一年，七十六岁的傅山为尤侗作了《鹤栖堂图》。这是《年谱》所载的最后一次绘画活动。两年后，傅山辞世。

当然，傅山的一生绘画活动远远不止于此。

在清康熙时文坛领袖王士禛在《池北偶谈》中将傅山的画列入“逸品”，清末书画理论家秦祖永在《桐阴画论》称傅山为“书画大家”，将其画列入“神品”。前人评画，有称逸品、神品、妙品、能品者。能品，即指有心于技巧；妙品、神品，则已忘其技巧。当然，所以能够得心应手，亦经精熟之至以后，才能更上层楼。这再进，全在意境上升华，并非在技巧上用心。升到最后，主客合一，形神合一，就是所谓的逸品。逸者，超逸、放逸、清逸、高逸……即写其逸气为主。自宋以后，中国文人对绘画作品的最高评价是逸品。画竹不拘泥于酷似竹，逸笔草草，但写胸中逸气，别人认为是麻是芦也毫不介意。其含义：一是指返璞归真，从容尔雅，自然而然，绝非狂肆怪诞一路所能达此；再者就是指富贵不能淫，威武不能屈，不迁就世俗，强调个性，强调自我感情的抒发。

傅山的画作虽然不多，但很具特色。清代张庚在《国朝画微录》上称傅山“善画山水，皴擦不多丘壑磊砢，以骨胜”。现代著名美术家刘开渠则在他的短文《傅山及其艺术》中，从技术层面上总结了傅山绘画的三个特点：第一，不皴擦或少皴擦、不渲染或少渲染。“一般来说，中国山水画多数都是要皴擦、渲染的。青主不用复杂的方法，主要用极单纯的线条来表现。”第二，他在画上不巧饰、不故媚，不要人夸颜色好。“这样不想在纸上讨巧见功的书画家，是不多见的。”第三，从自然中得到启发，创造了新的丘壑。一般画家只知道从笔墨上下功夫，殊不知丘壑不高，一幅画多半算失败了，笔墨再好，也是不会提起精神来的。

傅山的画以山水、树石为多，也有少量的花果。他的山水画多是取材于故乡周围的景色，创作的选题，多是嶙峋怪石、急流险滩、荒冷山林、昏黑月夜、傲岸松柏，或飞泉挂壁，或幽鸟绕木，还有花鸭、扁舟、孤亭、高士、隐者等，用写生写意的方式创作而成。如他的《丘壑磊砢图》，画中飞瀑、红枫、山石、长廊、柏树之间的层次很分明，条理很清晰。近景是雄气敦厚的悬岩、山石与红枫、古柏相映衬，别有幽致，丰富而不繁杂。几重远山也有深远之势。水流分三组走势，近处一组自右侧陡崖倾泻而下，落入长满柏树的深谷中间；一组分数层由远流来，势不可挡，最后流入长廊后再坠入屋后深谷；另有小股水流由屋前流出，同自崖顶流下的水流汇在一处，流入近前的深谷。画面上红枫悄然，水流湍急，在咫尺之内表现出了雷霆万钧的气势，为了增加水的流势，傅山竟将长廊画小来反衬水流的巨大。回廊横亘，清幽洁雅，构成了可观可居之所。

俞剑华在《中国绘画史》中所评："明末清初之际，奇节异行之士，痛祖国之沦亡，哀民族之宰割，而又无力反抗，其牢骚抑郁不平之气……遂一寄于画。"傅山在《题自画老柏》中写道："天下有山遁之精，不恶而严山之情。谷口一桥摧诞岸，峰迴虚亭迟耀形。直瀑飞流鸟绝道，描眉画限人难行。瓢瓢拐拐自有性，娉娉婷婷原不能。问此画法古谁是，投笔大笑老眼瞠。法无法也画亦尔，了去如幻何亏成。"在这首诗中，傅山很直白地道出了自己作画的心态和对山水的认识，诗中描写的景色，同《丘壑磊砢图》描写的景物也极为吻合。

傅山为数不多的花鸟画也同样表达了他的亡国之痛和满腔的悲愤，以及做人的信念。如他的一幅《梅兰竹菊》四君子画，梅花题款为："江北无梅只有雪，霞光万里清而洁。兴来写得一枝春，人力能补天地缺。"江北是说傅山老家太原。那里没有梅花，冬天大雪覆盖，像一个沉睡的巨人，霞光万里。清早起来太阳照在茫茫的雪上，一片洁白的世界，傅山一时高兴便挥手画出梅花一枝，喻示春天将要到来。人力能补天地之缺，也在说明是傅山用自己的画笔，弥补了天地之间的缺陷。而竹子题款有着人格化的意义："风动露滴汇，日照影参差。得生君子片，不愿夹花池。"反映了傅山强调"作字先作人"，"人奇字自古"的高风亮节。菊石图的题款则是："众芳当不争，素心仍旧俗，一倍逊峥嵘。"就是说菊花不与牡丹、荷花等争富贵，以普通人的心态面对生活，超凡脱俗，迎接的是峥嵘的岁月。这就是傅山以画写人、画外有画的艺术境界。王国维在《人间词话》中将境界分为有我之境与无我之境，傅山的绘画显然属于"以我观物，物皆着我之色彩"的有我之境。

傅山流传下来的画作中有一幅画是在数米长的缣帛上的大作《东海乔松》。这幅画画的是汪洋浩瀚、波涛汹涌的东海，雄浑苍秀，意境深远。画面最突出、醒目的是一株苍劲挺拔、无所畏惧、屹然独立的乔松。看那屈曲盘旋的虬枝，郁郁苍苍，如巨龙腾空而起。正如著名书画大师黄宾虹所说："画中有龙蛇。"这棵松是傅山人格的象征，是以老树屈曲的形态来表现自己压抑在内心深处的痛苦，以及自己历经沧桑、暑往寒来的一生。不过，傅山也把对国家命运希望的憧憬赋予在这棵虽苍老，但树干茁壮、根系繁茂的乔松上，看那葱翠的松针，苍老不秃，雄矗不疏，树大根深，源远流长。傅山虽然经受了国破家亡的切肤之痛，但他仍不为一切压迫所屈服，坚持反抗。看了这棵松，观者仿佛看到了一位民族英雄傲然屹立、百折不挠的高大形象。傅山有诗道："攸忽来风雨，经纶不可寻。云霞每尺度，海岳信高深。"苍松宛如苍龙，正如他的好友顾炎武所云："苍龙日暮还行雨，老树春深更着花。"

傅山书名巨大，掩盖了其绘画成就。他的画独立于诸家各派，虽没有他同时代的八大山人、石涛等醒目逼真，技法也不讲究，但跌宕疏狂，意境古拙，气概磊落不凡。他的写意书法与画面共融一炉，纵横挥洒，抒发胸中的愤懑抑郁不平之气。虽笔墨寥寥，却蕴含一派粗犷豪放之风，散发着一股潇洒脱略之气。

附　录

年　谱

1607 年（明万历三十五年）　7 月 23 日（闰六月十九日）生于山西太原府阳曲县西村。初名鼎臣，字青竹，后改名山，字青主。

1609 年（万历三十七年）　其父诵读《心经》句时，傅山不觉能应声诵读下句。

1612 年（万历四十年）　患一种怪异之病，其父买黄精与之服用，云："服之不死。"于是傅山只吃黄精，不肯吃粮食，后在父母强迫之下才肯食粮。

1613 年（万历四十一年）　开始就读私塾，并在其父指点下授之《汉书》。凡所授书，过目成诵，并知"悲生死"。

1614 年（万历四十二年）　学习书法，临钟繇法帖。

1618 年（万历四十六年）　观看明神宗"御书海阔五言十字"。

1621 年（泰昌二年）　通过科举考试而为秀才。是时家塾要求甚严，整日埋头读书，足不出户。

1625 年（天启五年）　冬，其父患伤寒十余日，病危，请来的大夫皆无计可施。相传南关文昌夫子灵异，傅山上午前往文昌庙祷告，得药，中午给父服用，夜分时竟病愈。

1626 年（天启六年）　通过考试成为每年可以从国库领取银两的高等食饩"廪膳生"。但傅山以为举子业不足惜，逐读经史诸子、文选及诸方外书。遍临晋唐楷书，并广交朋友。

1627 年（天启七年）　作《秋海棠赋》。

1628 年（崇祯元年）　春，正月其妻张氏静君生子眉。是年参加会试，其兄点定诗文五十三篇，与同学比赛记性，同学马生一日只能记四五篇，而傅山一日就能将五十三篇全部背诵，不爽一字。

1630 年（崇祯三年）　作《庚午闱撤有怀卷自缢于奎光楼者诗以吊之》，感慨时局纷乱，有才之士怀才不遇。作《杂记》，记与赴乡试的阳城张公子履旋相见。

1632 年（崇祯五年）　为双凤黄孝廉家鉴别书画。

1633 年（崇祯六年）　其妻张氏不幸逝世。其子方五岁，由祖母陈太君抚养。傅山誓不复娶。

1636 年（崇祯九年）　袁继咸修复三立书院，选拔三百余山西学生。傅山在考核时列为第一，选为祭酒。八月，山西御史张孙振诬劾袁继咸，十月得旨押送赴京勘问。傅山联络薛宗周等同学千里跟随囚车赶赴北京。由傅山领衔，起草了一百零三位山西学子签名的诉状，伏阙诉冤。

1637 年（崇祯十年）　四月初，刑部重新审理袁继咸案，终得昭雪。傅山以义声闻天下。五月，回到太原。

1638 年（崇祯十一年）　作《元日雪二诗》；正月，钱文蔚邀其聚于崇善寺。

1639 年（崇祯十二年）　教子眉读书作文。

1640 年（崇祯十三年）　八月，其侄襄病逝，时年二十岁。作《哭侄襄秀才》。十月闻好友郭九子逝世，作《郭九子哀辞》。

1641 年（崇祯十四年）　春，染病几死，其兄庚用心调护才痊愈，但兄庚因劳累而得病。

1642 的年（崇祯十五年）　元日作《元日斋中坐雪二首》；四月，其兄庚病逝，痛不欲生，日夜与老母哭泣，自此不敢出门，怕见人家有兄弟偕行者。作《老僧衣社疏附记》《六月十五日至十九日即是吟成二十一首》；在此前于崛围山用崛围松林建成青羊庵。始寓居于此。八月，所作《两汉书姓名韵》完毕，自作叙。

1643年（崇祯十六年） 四月，前往三立书院听巡抚蔡懋德讲军政军器之术，并受聘于三立书院讲学。八月，闯王李自成破潼关，入西安。作《崛围石蹬诗》示李光座，作《题赵庆门先生像》；三立书院同学曹良直病逝，作《悼古遗诗》。

1644年（崇祯十七年） 正月，作《东池元夜》《东池得家信依右玄寄韵》。二月，李自成攻克太原，傅山到李建泰军中后，曾请援助太原，但李建泰闻曲沃陷，退入保定。傅山密书报蔡懋德。三月十九日，李自成攻克北京，崇祯皇帝自缢，明亡。九月，福临入京。十月初一（公历10月30日）即皇帝位。十月初三，清兵攻破太原。十一月"山西悉平"。自从明亡，傅山即弃青衫为黄冠，服之不脱为真道士，并弃家而旅，流寓于平定白居实的七亘别业、寿阳石河村郝德新（旧甫，又字鉴盘）家、盂县孙颖韩（起入）山房。是年，作《七亘老杏》《雨》《石河村与郝子旧甫》《长榆南崖之孤松》《甲申八月访道师五峰龙池不遇》《避地过起入兄山房令儿眉限韵》《月望起入兄生日》《七机岩》《藏山》《重九次又玄韵》《前韵怀居实期采菊不至》《高细水携具河之干限韵》《落叶到棋局》《仇犹秋兴》《风闻叶润苍先生义举》《甲申守岁》《夏五过黄玉》《悼赤城》《愿旱》《七贤祠》《聊以复祠僧》《顿村旧家作》《过先居士旧坟》《中秋夜黄玉邀集其妇翁村斋拟早寻道者》等诗。

1645年（清顺治二年） 清政府屡次下文招傅山为官，傅山皆不应，因避乱，来往于武乡、汾阳、平定、盂县等地。于武乡住在画家魏驷家，在汾阳与同学薛宗周、王如金常聚首，并认识了胡庭兄弟三人。是年，与白居实、范垂云，以及侄仁，游苍岩山，作《苍岩方外格八首（仁哥限韵）》《岩宿夜大雷雨同白范二子枕上成》。冬，袁继咸抗清，在九江被俘，北上途中在铁城寄傅山诗札，以志节相励。是年，作《生日示儿侄》《右玄贻生日用韵》《中秋惆怅八首》《见内子所绣大士经》《李宾山松歌》《乙酉十一月次又玄韵》《乙酉岁除八绝句》《哭雪》《响雪》等诗。

1646年（顺治三年）　六月，袁继咸被杀害，此前曾再寄书信给傅山，傅山秋初才收到，恸哭。冬，再写旧作《六月十五日至十九日即是吟成二十一首》。

1647年（顺治四年）　夏，在晋祠两月，作《晋源逢示周》诗。作《风闻叶润苍先生举义》文。作《心经册页》楷书。

1648年（顺治五年）　受李御史之子相托作《明李御史传》。作《书扇贻还阳道师》《心经》。

1649年（顺治六年）　年初，山西境内反清起义猛烈。四月，傅山好友薛宗周、王如金也参加抗清义军，五月，二人牺牲于晋祠堡战役。傅山听到消息后非常悲痛，作《汾二子传》行楷，热情赞扬他们的壮烈义举。是年，作《无聊杂诗二十首》，为侄傅仁所抄《高士传》题词。

1650年（顺治七年）　过祁县，题诗于丹枫阁壁。十月，在晋水湄作《长歌寿杨尔祯老友》诗。

1651年（顺治八年）　侨居汾阳西河，作小楷《千字文》。

1653年（顺治十年）　魏一鳌为其购房于崛围山下的土堂村。九月深秋，由汾阳返回太原移居土堂村，教子眉、侄仁读书写字，自手书庄子《南华经》。

1654年（顺治十一年）　前往平定，应戴廷栻请作《太原三先生传》。傅山受“宋谦（宋道士）案”牵连，于六月中旬被捕入狱，同时被捕的还有其子眉，其弟傅止也被传讯。史称“朱衣道人案”。傅山绝食九日，几死。年末，傅眉被释。友范云茂（垂云）逝世，作《伤垂云堕驴》《哭范垂云二首》；作《狱祠树》《秋夜》《大雪是吾天》《栽赓大雪是吾天四首》《甲午狱祠除夜同难诸子有诗览之作此》等诗。

1655年（顺治十二年）　二月间在狱中书写《妙法莲华经》；春，木公、居实探监，并在狱中陪伴傅山三月；秋，在金陵纪伯紫、合肥尚书龚公以及门人的共同努力下傅山得以无罪释放。出狱后作《山寺病中望村侨作》《感》《不死》等诗。为给他许多帮助的魏一鳌作《践莲道兄十二屏》行草书。

1656年（顺治十三年）　春，戴廷栻要将傅山诗刻集，傅山婉拒，曰："我非诗人，自知甚审。"四月，宁波周容（茂三）游晋，与傅山订交。

1657年（顺治十四年）　是年，作《丁酉二月十四日二首》《记梦》等诗，及《姚缺菴墓铭》；作隶书《千字文》。

1659年（顺治十六年）　南游，过长江，闻郑成功围南京，急赴至，但郑军已退，失望，复过江北上到海州。其间曾过阳山马湖拜访阎若璩之父阎修龄。作《江风》《江月》《燕子矶》《燕子矶看往来船态领之》《金陵不怀古》《朝沐赋》《东海倒座崖》等诗。十一月，因母病，结束南游，回太原。是年，傅山和戴廷栻联络商界人士在祁县城内办起了祁县第一票号——义振泉票号庄。

1660年（顺治十七年）　作《庚子二三月之间三首》诗；冬，其母贞髦君逝世于松庄侨舍，享年八十四岁。作《哭子诗·哭孝》等诗；肖像画家谢彬（文侯）到太原拜访了傅山，并为其画像。

1661年（顺治十八年）　戴廷栻为傅山及子傅眉与白居实、胡庭诗刻诗集《晋四人诗》；作《调饥诗七章》。

1662年（康熙元年）　六月，登北岳华山。是年，作《与居实书》《河涨》《壬寅冬孟集夜对居实有悲》等诗。

1663年（康熙二年）　正月，顾炎武至太原初访傅山，有《赠傅处士山》。傅山和《如韵与亭林》《顾子宁人赠诗随复报之如韵》等诗。四月，至辉县百泉访孙奇逢，请其为母作墓志铭。孙奇逢欣然作《贞髦君墓志铭》。阎若璩过松庄初访傅山，问金石遗文之学。七月，义振泉票号庄被清政府查封，其财产与资金全部没收。是年，作《白衣阁洞碑》《清化旅中》《杂记》。

1664年（康熙三年）　李因笃（天生）过太原与傅山共饮于崇善寺。

1665年（康熙四年）　春，带病游关中，登华山。秋，到频阳访李因笃，植梅于尚友斋。九月，过祁县见戴廷栻。朱彝尊过太原，初访傅山。

1666年（康熙五年）　与来访的顾炎武、朱彝尊、屈大均订交。作《和毛子霞韵》。

1667年（康熙六年） 作《明户部员外止庵戴先生传》。

1668年（康熙七年） 春，安徽画家戴本孝在太原拜访傅山不遇，在傅家的药铺见到傅眉的一首诗，知道傅家至迟在1660年年末拥有药铺。作《读宋南渡后诸史传轴》行草书。

1670年（康熙九年） 作《秋经》诗十首。

1671年（康熙十年） 顾炎武拜访傅山。他们这次相聚时间较长，除了忧时伤世、谈政论文、诗歌唱和外，还创办了一些实业。密计经营票号，操纵金融，以图举大事，惟忌招祸败事，故其法只凭口授而不传一字。九月，六十九岁的阎尔梅访傅山于松庄，席间作诗以记。傅山作画《岁寒古松图》赠之。山西太守周令树来访，傅山赠《汉记》一本。

1672年（康熙十一年） 正月初一，周令树携子访傅山于松庄，并会饮于双塔寺。秋，阎若璩再访傅山于松庄。戴廷栻为傅山作《石道人别传》。顾炎武、阎尔梅、毕振姬均有跋语，写于此年或此后数年。

1674年（康熙十三年） 在孙傅莲甦的陪同下，游山东，登泰山，谒孔林。作《莲甦从登岱岳谒圣林归信手写此教之》诗。秋，至祁县访戴廷栻登丹枫阁，为编定《枫林一枝》。侄傅仁去世，作《哭侄仁六首》。八月，游宁乡，又游金郎村之金容寺，孙傅莲甦从。

1675年（康熙十四年） 五月，寓东山靖院，教孙莲甦读书。仲秋，与王睐、王璟、胡庭，以及儿眉、孙莲甦游宁乡，作赋纪游诗三章。

1676年（康熙十五年） 作《五峰山草书碑》。

1677年（康熙十六年） 六月，在土堂撰写《题自临兰亭后》文。作《笑慰儿孙》诗二首。

1678年（康熙十七年） 三月，李宗孔、刘沛先举荐傅山为博学鸿词，傅山称疾固辞。六月，不得不去京师，距城三十里，以死拒不入城，称疾住崇文门外圆教寺。作《题戴本孝山水画诗册》行草书。

1679年（康熙十八年） 三月，强行被拉往北京殿试博学鸿词，傅山七日不食，称病卧床不试。后免试，加内阁中书。七月二十日书《十六字格言》以教两孙。

1680 年（康熙十九年）　七月，作《书光明经后》诗；作《临王羲之伏想清和帖轴》草书。

1681 年（康熙二十年）　夏，过沁州。登平遥先师山。冬，至平定寓张植峪里花园。得休宁黄朝聘上珍书。是年，写小楷《妙法莲华经》，作论交游杂记。

1682 年（康熙二十一年）　正月，作《迎春花》诗；三月，为尤侗作《鹤栖堂图》。

1683 年（康熙二十二年）　春，作《晋公千古一快》行草书。

1684 年（康熙二十三年）　二月初九，其子眉去世，年仅五十六岁。傅山恸哭之，作《哭子诗》十四首。夏初，傅山病，作《家训》示莲甦、莲宝两孙。又遗书魏象枢（环溪）、李约斋（振藻）、孙长公、戴汝兆（熊梦），以托两孙。六月十二日（公历 7 月 23 日）逝世，终年七十八岁。

主要著作

（一）《霜红龛集》

清代所编诗文、杂著、杂记集，有多种版本。

（二）经子批注

1. 《毛诗注疏》批注。
2. 《仪礼注疏》批注。
3. 《春秋左传注疏》批注。
4. 《墨子》校注。
5. 《管子》批注。
6. 《庄子翼》批注。
7. 《荀子》批注。
8. 《淮南子》评注。

9.《吕氏春秋》批注。

10．《说苑》批注。

（三）百泉帖佛经批注

1.《金刚经》注。

2.《楞严经》批注。

3.《五灯会元》批注。

4.《翻译名义集》批注。

（四）诸史批注

1.《史记·列传》批注。

2.《汉书》批注。

3.《后汉书》批注。

4.《晋书》批注。

5.《宋书》批注。

6.《梁书》批注。

7.《陈书》批注。

8.《南史》批注。

9.《魏书》批注。

10.《北齐书》批注。

11.《周书》批注。

12.《北史》批注。

13.《隋书》批注。

14.《新唐书》批注。

15.《新五代史》批注。

16.《宋史》批注。

17.《金史》批注。

18.《元史》批注。

（五）医科著作

1.《傅青主女科》。

2.《傅青主男科》。

3.《傅青主小儿科》。

（六）其他著作

1.《文选》批注。

2.《重刊千家注杜诗》批注。

3.《山海经》物类编略。

4.《诗经》物类编略。

5.《春秋》人名韵。

6.《西汉书》姓名韵。

7.《东汉书》姓名韵。

8.《石鼓文》集注。

9.《隶释》批注。

10.《广韵音义》校注。

11.《杜诗通》评注按。

12.《广韵》汇批。

（七）《傅山全书》

刘贯文等编，1991 年版。

（八）《傅山全书补编》

太原市三晋文化研究会编，2004 年版。

参考书目

1.《傅山医学手稿》，山西人民出版社，1985 年。

2.《傅山荀子、淮南子评注手稿》，上海古籍出版社，1990 年。

3. 山西省社科院：《傅山研究文集》，山西人民出版社，1985 年。

4. 朱还：《阳曲学案》，山西人民出版社，1988 年。

5. 侯文正、侯文宜、侯平宇：《傅山评传》，山西人民出版社，1992 年。

6. 郝树侯：《傅山传》，山西教育出版社，1992 年。

7. 刘江、谢启源：《傅山书法艺术研究》，山西人民出版社，1995 年。

8. 魏宗禹：《傅山评传》，南京大学出版社，1995 年。

9. 王守义：《傅山和李贽》，《学术通讯》1963 年第 3 期。

10. 尹协理：《傅山的经世致用思想》，《山西大学学报》1984 年第 3 期。

11. 何言：《“右玄”生日所推之年非傅山生年》，《晋阳学刊》1997 年第 2 期。

12. 姜国柱、朱葵菊：《傅山思想精华三论》，《晋阳学刊》1984 年第 2 期。

13. 姜国柱：《傅山的伦理道德观》，《社会科学辑刊》1992 年第 5 期。

14. 姜广辉：《傅山思想探析》，《晋阳学刊》1984 年第 4 期。

15. 降大任：《傅山的乡土情缘》，《晋阳学刊》1998 年第 1 期。

16. 降大任：《傅山书论“人奇字自古”说辨正》，《山西大学学报》1990 年第 4 期。

17. 张克伟：《傅山的略历与成就》，《山西文献》1993 年第 1 期。

18. 单国强：《人奇字自古——傅山书艺和连绵草》，《炎黄艺术》1994 年第 2 期。

19. 梅墨生：《王铎与傅山》，《美术研究》1994 年第 1 期。

20. 杨向奎：《再论傅山》，《晋阳学刊》1984 年第 4 期。

21. 魏宗禹、尹协理：《傅山对“理”的考察与批判》，《中州学刊》1984 年第 2 期。

22. 魏宗禹、尹协理：《傅山的朴素辩证法思想》，《世界宗教研究》1983 年第 3 期。